JN319596

溶けていく暴力団

講談社+α新書

はじめに

親分の影響力

ヤクザとか暴力団とか呼ばれる人たちの存在感が希薄化している。政治的にはもちろん、社会的にも経済的にも彼らが占める影響力は低下の一途である。地域社会でも一目置かれることがほとんどなくなっている。

どういうことなのか、分かりやすい例を挙げよう。

戦前、ある地域でAさんが書類カバンを盗まれたとする。Aさんは人を介して地域を仕切る博徒の親分を訪ね、被害を訴える。

「とられたのは黒いカバンだ。カバンには財布も入っていた。財布の中のお金は諦めてもいい。しかし入っていた書類が出て来ないことには私の生き死ににかかわる。書類は他人が持ったところで、一円の価値もないものだ。どうか書類だけでも返してくれるよう、泥棒だかスリだか、犯人は分からないが、カバンを盗んだ人に話をつけてもらえないか」

博徒の親分は腕組みして被害者の訴えを聞き、「分かった。明日の今ごろ、もう一度ここに来てくれるか。たぶんそのころまでに書類は戻ってると思うよ」と請け合う。

おそらく博徒の親分は泥棒だかスリだかの親分に問い合わせる。

「お手数だが、一昨日、財布と書類が入った黒いカバンを拾った若い人がいないか、調べてもらえないか。カバンの持ち主はお金は諦めると言っている。だけど、書類は自分の生き死ににかかわる物なので、どうか返してほしいと言っている」

泥棒の親分は日ごろ博徒の親分に世話になっているから、無下《むげ》には扱わない。

「分かりました。それはお困りでしょう。ちょっと調べてみますんで、一〜二時間ご猶予いただけますか」

そして配下の者たちから話を聴取し、次の日に書類は間違いなく元の持ち主のもとに返る。

幕府が飼い育てた

博徒やテキヤの親分がこれをやるためにはその地域のすみずみまで睨んでいなければならない。その地域でうごめく泥棒やスリ、詐欺師、事件師などにも恐れられ、親しまれ、「あの親分が言うことなら、しょうがない。苦労してせっかく盗んだカバンだが、返しますよ」と言わせなければならない。いわば後ろ暗いことをして暮らす人たち（これをウラ社会の住人、もしくは今風に「反社会的勢力」ということにする）をも、びしっと押さえて文句を言わせず、言うことを聞かせる重みが必要なのだ。

　つまりヤクザ、暴力団の親分は長い間、ウラ社会全体のリーダー的存在だったといえるかもしれない。

　おそらくこれは江戸時代、博徒やテキヤの親分が岡っ引きとして犯罪捜査の末端を担い、「二足のわらじ」を履いたことに由来していよう。彼らはウラ社会の住人であると同時に、ウラ社会全体にお上の威光を貫こうとする束ね役だった。ウラ社会でも一目置かれる顔役、リーダーだった。そのようになるよう幕府はヤクザの親分を飼い育てたのだろう。

　戦後すぐにもヤクザ、暴力団が警察の治安維持を助けた。敗戦直後の混乱期、朝鮮人や台湾省民（当時、第三国人といわれた）が「戦勝国民」としてヤミ市を一手に仕切ったとき、日本警察は拳銃さえ持たされず、第三国人の暴力に対抗できなかった。これに対抗し、日本人本位の秩序を回復したのは各地の博徒やテキヤ、復員兵や不良学生を中心とする愚連隊だった。彼らは警察の武力不足を補ったのだ。警察もこれを多とし、たとえば兵庫県警が山口組の三代目組長・田岡一雄を水上署の一日署長にするなど、暴力団と蜜月を演じた。

だが、今はウラ社会でもヤクザ、暴力団が握った「権威」は失墜している。半グレたちは暴力団末端組員のうらびれた姿を見て「あーはなりたくないよね」とバカにしている。暴力団に近づくとカネを取られて損をするだけと距離を置きたがる者が多数派である。

不良外国人、総会屋

不良中国人グループも一部で暴力団と連携しながら、暴力団と「没交渉」が基本である。没交渉を成立させる要件は両者のシノギがかぶらないからという言い分である。店で働く女性が違う（中国人か日本人か）、店に遊びに来る客が違う（同）、遊びに使う道具やルールが違う（台湾式の麻雀牌か、日本式の牌か）——などを理由に、ほとんど両者は対立抗争しようとしない。関わり合うことが双方とも面倒だからだが、反面、このことは不良外国人グループが先住者の日本暴力団に払うべき敬意を払っていないともいえる。暴力団は外国人グループからも立てられていない。

もちろん暴力団と不良外国人の交流はある。暴力団が香港やマカオ、台湾、シンガポール、タイ、フィリピン、中国、カンボジアなどに出かけた際、向こうの流氓《リュウマン》や三合会、チンピラ、不良徒輩から接待を受け、彼らが日本に来たときには逆に日本側が接待する。が、こういう友誼《ゆうぎ》的な交際がシノギに結びつくことはめったにない。また日本の繁華街で暴力団が韓国やフィリピンの女性といい仲になり、女性の兄弟や親戚の男が来日した際、暴力団から子分として盃を受けることはある。が、これもビザなど居住権の問題で長続きする関係にはなりにくい。どうしても先細りになりがちだから、覚せい剤の密輸で提携する場合などを除き、両者ががっちり手を結ぶことはない。さらに暴力団が日本の官憲をうるさがり、外国に定住する場合があるが、これにより現地の不良徒輩を支配下に置いたという話は聞かない。要するに現地主義というか、現地では現地の人間がリーダーシップをとる。暴力団が日本円の強さで海外で立てられる関係は短期、一時的な現象である。

総会屋はもともと商法や会社法に通じる知能犯で、暴力団からは独立した存在だった。往事は暴力団の側が総会屋を「先生」と呼んでいた。が、一九七〇年代、総会屋は競争の激化で暴力団の庇護を求めた。暴力団を背後に控えさせないと、総会屋戦線で勝てなくなったのだ。以降、総会屋は暴力団により系列化され、総会屋イコール暴力団に変身した。

あげく警察の徹底追及を受けて、ほとんど絶滅した。暴力団に近寄ると、ろくなことはないのだ。

みかじめ料もとれない

つまり半グレ集団が危惧するとおり、暴力団は疫病神である。総会屋の命運がそれを証明している。だから彼らは最初から暴力団に敬意を払わず、ほとんど系列下にも入らない。ウラ社会でも暴力団はこのように軽んじられ、座布団の数を減らしている。反社会的勢力のリーダーだったころの面影はない。

オモテ社会での暴力団勢力の低落がそれ以上なのはいうまでもない。

まず一般市民が暴力団を恐れなくなった。二〇一三年七月一六日、名古屋でクラブを営む女性が訴訟を起こした。内容は、山口組弘道会系稲葉地一家（松山猛善総長）からみかじめ料を要求され、九八年から一二年間、月三万〜一〇万円のみかじめ料を払ってきた。〇八年に店が移転したのを機に支払いを拒否しようとしたが、松山総長から「そんなこと言っとったら放火されるぞ」などと脅された。結局払い続け、支払い総額は約一〇〇〇万円に達したという。

経営者の女性は「暴力団の威力を背景に財産を侵害された」として、山口組の司忍組長（本名・篠田建市）、傘下の松山総長などを相手取り、過去に支払ったみかじめ料や精神的損害に対する慰謝料など計一七三五万円の賠償を求める訴訟を名古屋地裁に起こしたのだ。

愛知県警や民暴弁護士が女性の背後に控え、応援していることは容易に想像がつくが、それにしても過去に払ったみかじめ料を返せというのは全国初めての訴えのはずである。勇気ある行動であり、ようやく危険を承知で敢行する女性が出現した。

仮に女性が勝訴となればみかじめ料の返還は判例化し、以後、暴力団に支払うみかじめ料は実質的に積立金と同じになる。しかも慰謝料という利子に代わるものが加算されるのだから、サラ金に対する過払い利息返還請求と発想は似ている。その上、被告の筆頭には山口組の司忍組長が据えられる。暴力団の組長は「使用者責任」という民法の論理で末端組員のしでかしたことにも最終的に責任を取らなければならないからだ。よって原告の女性は絶対取りはぐれなく請求額に近い額を手にできると見られる。

飲食店などからのみかじめ料や用心棒代などを定期的な資金源とする暴力団は全国に無数にある。みかじめ料を取るな、取っても後で全額を払い手に返還しなければならないというのであれば、立ち行かなくなる暴力団が全国に出現する。

建設業からの暴力団排除は全国四七都道府県すべてが暴力団排除条例で定めている。建設業者の多くは暴力団を恐れず、地方公共団体は暴力団を締め出している。暴力団や暴力団系企業に工事の入札を許さず、下請けや孫請けからも暴力団を排除している。政治家も芸能人も同じで、暴力団と交際を続けることにメリットはない、交際したらスキャンダルになるだけ損と避け通している。

反社勢力は何処へ

今、暴力団は孤立し、人脈は細り、資金パイプは締められている。経済的に零落し、やがては姿が消失するよう方向が定められた。彼らの困窮は末端から徐々に上層部に波及している。貧乏な暴力団の「親分」などはほとんど言葉の矛盾だろう。迫力がないことおびただしく、ますます誰も相手にしない状態が深まっていく。貧して鈍化の速度は一層加速する。

これが暴力団の一〇年後、遅くとも二〇年後の将来像である。暴力団の上層部は不思議なほど現在の危機に鈍感だが、ダチョウのように、砂に頭を突っ込めば危機が去るわけではない。

暴力団が没落した後、ウラ社会はどうなるのか。あるいは反社会的勢力を束ねるグループは新しく出現するのか。

結論的にいえば、どこも誰も束ねる必要はない。暴力団に代わる代表格は登場しないだろう。

反社会的勢力は分子のようにそれぞれが孤立して社会に浮遊する。いつの時代にもどこの国にも「不良」青少年は存在する。今後も同じである。不良の全部とはいわないが（堅気の職業に就くものもいる）その一部を吸収して活用するのはかつてのように暴力団ではなく、半グレ集団などの反社勢力になっているはずである。他の先進国と同じようにである。暴力団に見られるような全国の親戚・友誼団体とネットをつくり、日常的に同業者同士が交流する組織は二度と登場しない。

反社勢力は平時、タコ壺の中で息を殺し、チャンスと必要性にかられタコ壺から這い出て犯罪に手を染め、またタコ壺に帰って何食わぬ顔で平時の生活を続ける。彼らの出撃拠点であるタコ壺とタコ壺の間には連絡も交際もない。犯罪者らしく犯罪を職業としていると名乗ることはないのだ。

世間から自分の実態を隠そうとし続ける（この点が暴力団と違う。暴力団は世間に知られてナンボの存在である）。詐欺や窃盗、強盗の常習犯として、つまり犯罪者として、純化していくのだ。

殺伐とした風景かもしれない。ヤクザ、暴力団が持っていたそこはかとないロマンは消失していくが、警察の上層部が暴力団はもう要らないといっている以上、暴力団は低落の一途をたどる。

困るのは警察

もっとも、一部の地域では暴力団の親分は存在し続けよう。そういうヤクザのシノギはアパートの賃貸料や地代かもしれない。限りなく正業に近い。あるいは世話焼き活動への謝礼、もめ事の解決謝礼、不良青少年の立て直し、麻雀店などの経営であり、間違っても覚せい剤の販売や管理売春などではないはずである。自由に使える時間があり、活動性を備え、適切な判断ができ、世話好きの親分なら、地域で受け入れられ、二～三人の子分なら養えるかもしれない。つまり横丁のご隠居のようなヤクザなら、近隣の住民は彼を受け入れ、警察がお目こぼしする可能性はある。

暴力団が消失して一番困るのは警察のはずである。暴力団を対象としてきた組織犯罪対策三課、四課などはターゲットを失って仕事がなくなる。暴力団組員や元組員から周辺的な犯罪情報も入らなくなる。警察庁は組員に代わる情報源を得るため、〇七年から「匿名通報ダイヤル」を始めた。一二年度匿名通報ダイヤル全体の情報件数は前年度の三倍以上、四四二七件を数えたという。

本書では日本独特の組織犯罪集団である暴力団がなぜ、どのような経過をたどって消失の途に入ったのか、次に来る日本のウラ社会ではどのようなグループが跳梁跋扈《ちょうりょうばっこ》することになるのか、などを探りたいと考えている。

二〇一三年　秋

溝口《みぞぐち》　敦《あつし》

◉目次

第二章　包囲下の工藤會

第三章　飛んでる半グレ集団

第六章　暴力団の適正規模

第七章　狭まる棲息領域

第八章　万人が万人の狼に

あとがき

第一章　細る山口組

今なお日本最大

現在、警察とメディアが最も注目している暴力団は山口組（神戸市、司忍六代目組長）、特にその主流を成す弘道会（名古屋市、髙山清司二代目会長）と工藤會（北九州市、田上文雄五代目会長）だろう。

他に福岡に本部事務所を置く道仁会と九州誠道会も二〇〇六年から長期にわたって抗争し、四七件もの抗争事件を起こして一般人一人を含む一四人を殺害したことから、これら二団体の動向も関心を集めていた。だが、一三年六月、道仁会は抗争を終結するとした「宣誓書」を、九州誠道会は解散届を、それぞれ久留米署に提出して抗争を手じまいしたから、両派に冠されていた「特定抗争指定暴力団」という指定はまだ改められていないものの、急速に両団体への関心は薄れている。

山口組は数を減らしているとはいえ（一二年末現在、構成員一万三一〇〇人、準構成員等一万四六〇〇人、前年比三三〇〇人の減＝警察庁『平成二四年の暴力団情勢』）、今なお日本最大の暴力団であることに変わりはない（全暴力団組員数の四三・八％を占める＝同前）。

暴力団対策法で指定されている暴力団は全国に二一団体あるが、このうち一二団体が山口組の新年会に出席していることに見て取られるように、山口組は全暴力団のかなめの役、リーダーと目されている。

上層部の安定化

しかし、山口組が現在進行している暴力団の危機情況をどれほど真剣に受け止めているかとなると、そのリーダーシップは皆無と評されよう。山口組が実際に行っている催事は他団体との交際や相互訪問だけといって過言ではない。他団体との「平和共存路線」の実践といえばいえるのだろうが、その効果となると大きな疑問符がつく。

山口組の司忍組長は一一年一〇月、産経新聞のインタビューに応えているが、その中で司組長は次のように語っている。

〈山口組の存在でわれわれの業界の治安が守られているという事実がある。山口組を解散し、80の直系組織が個々の団体になった場合、当然縄張り争いが起き、抗争事件が続発している九州のようになるのは間違いない。今はほとんど抗争事件は起きていないし、ほかの団体とも平和外交に徹してきた。だからこそ、山口組を維持することが俺の

責任であり、義務であると思っている〉

平和共存とは、たとえ二つの団体間で抗争が発生しても、幹部同士の話し合いで二次抗争、三次抗争につなげない、早期に抗争の終結を図るという意味である。

たしかに抗争が早期に収まれば、一般人が誤射や流れ弾の犠牲になることは少なくなるだろう。だが、同時にそれは双方の首脳部だけは安泰だということを意味する。末端組員が抗争で敵の幹部の「タマ」を取り、男を売り出すことは永遠に不可能なのだ。さらに共存路線により中堅・末端層は他団体の利権や縄張りを侵食することができない。今ある利権を取りこぼさないよう、細々食いつないでいくしかない。

共存路線により組織の風通しは悪くなり、単に上に立つ者だけが豪奢《ごうしゃ》な生活を楽しめるという上層部の長期安定化がもたらされる。

つまり共存路線は暴力団上層部だけに利益をもたらす内向きの施策といっていい。なるほど警察も表向きは抗争が起きないことを歓迎している。しかし現場のマル暴刑事のホンネは「抗争がなくてつまらん」ということ。抗争が起きなければ、暴力団担当刑事も組員と同様、成績の挙げようがないという事情がある。

原点回帰は可能か

山口組が他団体との交際のほかに熱心なのは「原点回帰」と称する歴代組長たちの墓参りである。とりわけ三代目組長だった田岡一雄の墓参には熱心で、毎年七月二三日の命日には神戸六甲山の長峰霊園に幹部一同大挙して墓参する姿が見られる。

なるほど田岡は戦後、山口組が再出発したとき組長を引き受け、山口組を日本一の組織に育て上げた中興の祖である。しかし、田岡が口を酸っぱくして組員に勧めたのは「正業を持て」という一事だった。彼自身が神戸港の船内荷役会社や神戸芸能社を持ち、直接、経営に当たっていた。両社からの収益で生活するのが田岡の基本であり、組員からの月会費や上納金を当てにするようなことはなかった。

しかし今、山口組の幹部が正業を持つのはほぼ不可能である。たとえ正業であっても、警察は「暴力団の資金源になっている」と難癖をつける。組員系企業と分かり次第、それを潰しにかかって、暴力団幹部に営業の自由を許さない。

三代目田岡の時代と六代目の今とでは明らかに山口組を取り巻く環境が様変わりしている。田岡時代には暴力団対策法も暴力団排除条例もなかった。警察の暴力団に対する意識も異なる。六六年に山口組壊滅作戦が始まったが、わずか六年前の六〇年安保闘争時には、自民党は右翼や暴力団を反対派にぶつける勢力として動員しようとしていた。暴力団に対する許容度がまるで違う。

山口組は一三年七月、タブロイド判八ページの「山口組新報」創刊号を発行、司組長はその第一ページに「巻頭の辞」を寄せた。ちょっと長くなるが、要所を引用してみよう。

〈昨今の閉塞感に満ちた任俠団体の在り方を考えてみると、他団体組織の真似事や、ただ先人の教えを守るだけでなく、この窮地に於いて我が山口組ならどのように変化させ進化させていけるか？

我々は今こそ山口組の過去の成功体験を捨て去り、自分たちの存在価値を見つめ直し、今取り組むべき仕事は何かを真剣に考え、再出発すべきである。

現在、我々が置かれた不遇の時代も、発想の転換を図る事で更なる進化への試練となる。

幸い山口組は、創設以来、多事多難、多くの苦難の時代を乗り越えて現在に至っている。今こそ「弱みを嘆くより強みを磨け」である。全組員が不屈の精神をもって、今後のあり方、進むべき道、経済活動などを積極的に、変化・進化させる事が、我々の生き残る為の必須条件であると自覚されたい。混沌とした厳しい時代だからこそ、そこに可能性がある。

山口組はまさに「晴れてよし、曇りてもよし、富士の山」である。私も復帰から二年が過ぎ（筆者注：府中刑務所からの出所の意味）、その間に皆との会話の中で一貫して訴えてきたのが意識改革であり、原点回帰であった〉

司組長も現状への危機感は持っていそうだ。しかし言っていることは観念的で、具体性に乏しく、組員の指針となるものではあるまい。

山口組のマフィア化

暴力団が抱える最大の問題は対警察関係である。警察は山口組を不要の存在、壊滅すべき存在としている。

そうした情況下で、山口組組員が意識改革、原点回帰して、何が変わるというのか。疑問に感じるのは筆者ばかりではなかろう。必要なのは警察の出方にどう対するか、態度を決めて外部に働きかけることだろう。内に籠もって意識改革云々は何も語っていないに等しい。

よく知られた話だが、警察庁の安藤隆春前長官は一〇年五月末、全国の警察本部長を集めた会議で、「弘道会の弱体化なくして山口組の弱体化はなく、山口組の弱体化なくして暴力団全体の弱体化はない」というスローガンを初めて掲げた。

「弘道会やその傘下組織の首領級の上部幹部検挙と、主要な資金源の遮断を徹底し、弘道会の弱体化、壊滅を現実のものとされたい」

なぜ警察庁がここまで山口組、中でも弘道会を敵視したかといえば、同会が警察に敵対し、愚弄したからである。

警察庁によると、弘道会は警察官の氏名や年齢、住所、所有する車のナンバーなど個人情報を組織的に収集して、取り調べに当たる警察官を恫喝《どうかつ》し、捜査の進展を妨げたり、取り調べに対して完全黙秘を通したり、家宅捜索では出入り口を封鎖して捜査員の入室を妨害したりするなど、抵抗を繰り返した。

弘道会の秘密主義や警察の内部情報の収集にかけるエネルギーは凄まじく、同会は暴力団というよりむしろ過激派に近いと報ずる新聞報道さえあった。

ベテランの捜査員はこう予測している。

「弘道会は厳しい内部統制で山口組全体のマフィア化を牽引する中核組織であり、山口組の実態が水面下深く沈む前に摘発を進め、実像を把握しなければならない」

あまりにも過大な評価で、大きく誤っていたことは山口組や弘道会の現状を見れば一目瞭然なのだが、警察庁の上層部が本気で弘道会を危険視した一時期があり、危険視と敵対視は今なお続いている。

大阪府警の敗北

たしかに弘道会は警察をおちょくり、歯がみさせる裁判を仕掛けた。

弘道会系のK幹部は〇六年一一月、愛知県豊田市の自宅にいたところ、大阪府警の警察官数名が訪ねて来て家宅捜索した。Kにすればまるで「身に覚えのない」生命身体加害誘拐という容疑で同日、任意同行を求められ、大阪府警曾根崎署に連行された。夜、府警は前記の容疑でKを逮捕し、府警本部の留置場に放り込んだ。

三日後、Kは西警察署の取調室で警察官MとOから取り調べを受けた。「なめとるのか」「コラ、ボケ」などと怒声を浴びせられたが、Kはまったく身に覚えがなかったため、黙秘していた。と、M、Oは「何かしゃべらんか」「なんとか言ってみろ」と言い、Mは「何もしゃべらないならば、壁の方を向いて立っとれ」と理不尽なことを言った。

Kは三〇分ぐらい立っていたが、足が痛くなったため、警察官に分からないよう軽く足踏みしたところ、Oから「何を動いとるんじゃや。大阪府警をなめるな」と怒声を浴びせられざま、いきなり左足膝下の側面部を七、八回足蹴《あしげ》にされた。Kが「何をするんですか」と言ったところ、警官は逆上し、「うるさいんじゃや。大阪府警をなめるな」と顔面を殴った。

Kがよろめくと、OはKの右鎖骨付近を摑みながら、後方に引き倒し、倒れたKの首を両手で締め付け、ついでOの膝上に腰部を乗せ、サバ折り状態にするなどの暴行を加えた。

Kはその日の取り調べが終わって午後九時ごろ同署の留置場に帰り自分の身体を調べたが、Oの暴行によって両膝に五センチ四方の内出血を伴う挫傷を負っていたほか、首に内出血二ヵ所、また腰痛が発生していた。

次の日、愛知県弁護士会所属のS弁護士がたまたま訪ねて来て、接見を受けた。Kは自分の弁護士としてS弁護士を選任し、S弁護士は早速、医師による診察、治療を要求し、警察官OとMを暴行傷害で刑事告訴するからと、告訴の受理と証拠の保全を要求した。

このKの裁判は〇九年一一月、大阪地裁で判決が出されたが、大阪府警は負け、弘道会が勝ちと出た。大阪府警は大阪高裁に控訴したが、一〇年五月、大阪高裁は、被告の大阪府と警察官二人はKに三五万円余を支払えと判決を下し、大阪府が上告しなかったため、裁判はこれで確定した。

大阪府警は弘道会のため、せっかくの生命身体加害誘拐事件を潰されたばかりか、赤恥を掻かされた。警察庁が弘道会に絶対一矢報いてやると決意を固めたとしても不思議ではない。

弘道会系のK幹部にすれば、大阪府警の暴力的取り締まりは度を越している、警察が密室状態でやりたい放題やれる時代じゃないんだと裁判に踏み切ったのだろう。が、日ごろ暴力団は後ろ暗いことばかりやっているくせに、「こんなときばかりは人権か、冗談じゃない」と反発したのが、府警の刑事たちだった。

暴力団には警察に対する遠慮があり、当の組幹部が訴えを起こそうとしても、制止するのがふつうである。しかし裁判は現実に提起されたのだから、裁判は弘道会首脳が承認し、バックアップしたものと警察側は受け取る。

これにより大阪府警ばかりか、全都道府県警察の暴力団担当刑事がとことん弘道会をいたぶると、ほぞを固めたことは容易に想像がつく。このために血祭りにあげられたのが山口組の若頭で弘道会会長の髙山清司だった。髙山は組長の司忍が〇五年一二月～一一年四月まで服役している間、実質的に山口組のトップとして辣腕を振るっていた。

警察の企図

一〇年一一月、京都府警は一四〇人もの警察官を動員して、神戸市中央区熊内町の高山若頭の神戸別宅を囲み、彼を京都の建設業者からみかじめ料四〇〇〇万円を恐喝した容疑で逮捕した。府警の発表資料によると、おおよそ高山若頭の犯罪事実は次のようなものだった。

〈高山若頭は、建設業者から事業活動などに対するみかじめ料名目でカネを脅し取ろうと計画、山口組直系淡海一家・高山義友希総長（事件時五三歳、組織犯罪処罰法違反で起訴）ら三人と共謀の上、〇五年七月末から同年一二月初旬にかけて京都市内のホテル等で建設業者に対し、「われわれがあんたを全面的に面倒見ることになった。ついては面倒を見るお代として、みかじめ料を持ってきてほしい」「名古屋の頭（高山若頭を指すと府警は解釈）に届けるから一〇〇〇万円以上は持ってきてくれ」などと脅迫して執拗にカネを要求し、同年一二月三〇日、京都市内の別のホテルで建設業者から現金一〇〇〇万円を脅し取り、さらに〇六年二月ごろからその年一二月中旬にかけて、京都市内に建設業者が所有する関係会社などで、「山口組としての決定事項を伝える」「あんたがやっている仕事は淡海一家を窓口として通してほしい。盆暮れも頭に現金を届けてほしい」「仕事を一緒にやろうやないか」「仕事とは別に一〇〇〇万円以上は持ってきてや」等と脅迫して、カネの要求を執拗に続け、その年八月九日に現金二〇〇〇万円、また一二月一八日に現金一〇〇〇万円を京都市内の喫茶店で脅し取った〉

府警によれば、髙山若頭は一度建設業者との会食に同席し、「髙山義友希さんとよろしくな」と挨拶したという。また何かの折りに建設業者と顔を合わせた際、「いつもすまんなー」と会釈したともいう。

しかし髙山若頭は恐喝の場面や現金受け渡しの場面には一切同席していない。建設業者はかつて暴力団、中島連合会太田会の組員であり、副組長でもあった。こうした建設業者が三回にわたって四〇〇〇万円を淡海一家に支払い、後になって警察に恐喝されたと被害届を出したわけだが、髙山弁護団によれば、事件の構図は、

「この建設業者が平成一七、一八年の事件について被害届を提出し、警察当局がこれを受理したのは、その当時、暴力団対策法下で暴力団の掃討を掲げ、とりわけ山口組と弘道会を標

的としていた警察当局が、建設業者に被害届を出させることによって、何としてでも弘道会会長で山口組若頭である被告人（髙山清司）の逮捕につなげ、山口組および弘道会に大打撃を与えることを企図したからである」となる。

弾圧に屈した

事実、この建設業者はかつて山口組五代目組長・渡辺芳則と親しく、渡辺の威を借りて京都の建設業界で横車を押すような人物だった。恐喝を示す建設業者からの物証はほとんどなく、業者がつけていたという手帳も書き足しや抹消があるなど、信頼性に欠けるものだった。

しかし、京都地裁は一三年三月、髙山に対し、求刑一〇年のところ、懲役六年の実刑判決を言い渡した。判決は建設業者の言い分だけを無条件に採用、髙山側の証言は一顧だにしなかった。しかも恐喝したカネが間違いなく髙山に渡ったかどうかも論証しなかった。

〈被告人が最終的に当該金員（つまり恐喝したとされる四〇〇〇万円）を利得したのか否かはともかくとして、建設業者が被告人に対するものとしてみかじめ料を支払ったこ

とを被告人が認識していたものと認められる〉

高山が暴力団幹部だからこそ下された国策判決というべきだろう。

しかし高山の逮捕から判決に至る一連の経過は山口組と弘道会の高姿勢を劇的に挫《くじ》いた。

前記したように六代目組長・司忍は一一年一〇月、産経新聞のインタビューに答えたが、次のように反警察を否定した。

〈――しかし、弘道会は「反警察」の急先鋒とされ、それが集中取締りの大きな要因になっている。

（司）弘道会の会長は髙山であり、本人が不在のときにうんぬんと述べるべきではないと思う。ただ、そういう捉え方をされるのは、組織の人数が増え、規模が大きくなったからではないか。弘道会という名前に求心力があるかどうかはわからないが。昔から反警察ではない。地域で何かやるときは警察に協力することもある。例えば天皇陛下が来られる、著名人が来るから自粛しなさいといわれれば従っている。反警察といわれること自体驚いている〉

暴力団に対して警察による弾圧という言い方はふさわしくないが、有り体《あてい》にいえば、山口組と弘道会は警察・検察・裁判所一体となった弾圧に屈服したと見るべきだろう。警察の超法規的ともいうべき攻勢に対して、すでに戦う気力は感じられない。だからこそ警察の抵抗を招かない他団体との共存路線なのだろう。

存亡の危機

しかし、山口組が今さら恭順の意を表したところで警察の攻勢は揺るがない。一三年五月、愛知県警の協力と支援の下、司忍や髙山清司ら山口組の五人に対し、一億六〇〇〇万円の損害賠償を求める訴訟が名古屋地裁で起こされた。

訴えたのは一〇年九月、名古屋市中村区のキャバクラ「インフィニティ」に勤めていた従業員の両親である。キャバクラの経営者が地元を仕切る弘道会系の組のみかじめ料要求を拒否していたところ、腹を立てた組幹部と組員が店に乱入、ガソリンを撒いて放火し従業員は焼死した。

すでに組幹部は無期懲役、組員は懲役三〇年の判決を受け、刑が確定しているから、彼らに支払い能力はない。一億六〇〇〇万円の大半は司や髙山、つまり山口組本家が支払うものと見られる。

この訴訟にきびすを接して同年七月には前記したように名古屋市で高級クラブを営む女性から九八年から一二年間に支払ったみかじめ料と慰謝料など一七三五万円の賠償を求める裁判が同じく名古屋地裁で起こされた。

暴力団を相手取る裁判ではほぼ一〇〇％被害者側の勝訴になる。暴力団側はなるべく判決として残したくないため原告に和解を持ち掛けるが、これも請求額に近い額で妥結するのがふつうである。これらのカネは司、髙山の支払いとはいっても、実際は山口組本家、つまり七十数名の直系組長たちが拠出して支払うことになる。山口組への訴訟は山口組を経済的に疲弊させる有力な方策である。

現在、中堅や末端組員たちのカネづまりは直参（直系組長）の多くに及んでいる。司六代目の発足時（〇五年）一〇〇人余在籍した直系組長は現在七五人程度に縮減している。縮減の理由は様々だが、近年は月の会費が払えないなど、経済的理由が増加している模様だ。

つまり山口組の現状は低落が偽らざる姿だろう。オモテ経済の不況にプラスして暴力団の特殊事情、つまり暴対法や暴排条例、銀行業界などの暴排条項による締めつけ、並びに警察の山口組敵視政策などが手ひどく山口組を痛めつけている。

ことによると、関東を地盤とする住吉会や稲川会に比べ、むしろ山口組が経済的にダウンしている可能性がある。仮にこの推測が事実としたなら、それは関西に比べ関東の方がまだ経済的にダメージが少ないといった地域の事情によるものだろう。

平和共存の時代に、戦闘力の優劣はほとんど意味を成さない。なまじ戦闘力があるばかりに、かえって敵対相手よりダメージが大きい場合がある。

〇八年三月、山口組小西一家掘政連合系の幹部が住吉会系幹部によって刺殺された。この報復で小西一家側は同年四月、住吉会系幹部を射殺したが、山口組小西一家は落合勇治総長以下四〇人の組員が逮捕された。おまけにさいたま地裁は一二年七月、落合総長に無期懲役、罰金三〇〇〇万円という重罰を科した。小西一家は山口組の中でも名門・古参の組として知られるが、住吉会との争いで死活的な危機を迎えた。なまじの戦闘力が組織の衰退を呼び込んだのであろう。

不景気の時代だからこそ、経済力が組織の盛衰を決める。山口組は存亡の危機に立たされているといえよう。

第二章　包囲下の工藤會

工藤會の成り立ち

前章では、警察への対応を和らげている山口組であっても、警察は追及する手を緩めず、山口組が低落傾向にあることを示した。工藤會は山口組に比べて警察に高姿勢で臨んでいるが、その結果、工藤會にどういう情況をもたらしているのか。

工藤會は福岡県北九州市がほぼ専一の縄張りであるため、どのような性格の団体か、知る人は多くない。そのためまず沿革など、工藤會の基礎データを記しておく。

工藤會は戦後すぐの一九四九年、博徒だった工藤玄治が工藤組として小倉に創設し、初代会長に納まった。翌五〇年、若松市の梶原組の組員が工藤組系草野組組長・草野高明の弟を刺殺し、ここに両組の対立が激化した。

六三年、山口組は若頭・地道行雄の時代だったが、北九州の安藤組、長畠組、梶原組をその系列下に置いた。梶原組には力道山のプロレス興行を認めたことから、工藤組との間に紛争が生じた。

同年一一月、山口組系菅谷組の組員二人が北九州市小倉区のクラブ「美松」前で工藤組幹部・前田国政を射殺したことから、一二月、工藤組の組員らは山口組の傘下に入っていた安藤組の組員二人を、市内を流れる紫川の河川敷に拉致し、石で撲殺した（紫川事件）。一二月二四日、工藤組と山口組は別府市で手打ちした。

この紫川事件で服役した工藤組幹部・草野高明が出所後、工藤組を離脱して草野一家を結成した。以後、工藤組と草野一家は激しく抗争したが、八七年、工藤組は草野一家と合併して工藤連合草野一家と名を変え、草野高明が二代目総長に就いた。

九〇年、溝下秀男が三代目となり、九九年現行の工藤會と名を変えた。翌二〇〇〇年に野村悟が四代目を継承し、二〇一一年、田上文雄が五代目を襲名、前会長の野村悟は総裁に就いて、現在に至っている。

北九州の暴力を押さえる

工藤會のメンバー数は六五〇名超とされる。ネット上の百科事典である『ウィキペディア』は同会について「極めて好戦的な傾向を有し」「強烈な反警察志向、容易に激昂する、手段としての闘争ではなく闘争行動それ自体に価値を見出すなどの傾向を有することで知られる〝九州ヤクザ〟の好例である」などと評している。

こうした工藤會評が当たっているかどうかはさておき、工藤會の幹部は「暴力団と地域」

についてどう考えているのか。同会幹事長・木村博にインタビューすると、こう答えた。

〈工藤會は一九四九年（昭和二四年）に工藤組として結成され、今日に至るまで六十有余年、ここまで来れたのは地域にいかに密着してきたかということです。今、このおかしな暴排条例などで事業者の方とのお付き合いは表立ってはできなくなりましたけど、やっぱり今もずっとそういった方が支えてくれている。そのおかげで今も活動ができているわけです。

われわれ組織の人間もほとんどが地元の人間です。よそから来たとか、こっちに流れてきたとかやない。だから地元で生まれて地元で育った人たちの中から、同級生とか、事業をして成功した人なんかが陰ながら支えてくれて、それでわれわれの活動ができている〉

工藤會では、地元に依拠して組は運営できるという意識がかなり定着している。だが、その地元、北九州市では暴力団の犯行と見られる事件が多発している。ちなみに北九州市は工藤會が独占的に押さえ、他の暴力団や半グレ集団、外国人不良グループは駆逐されている。

工藤會幹事長・木村博はこうも認めている。

〈山口組は全国区やから、日本全国どこへ行っても、シノギがしやすいでしょうけど、北九州という地元で根付いて地元で育った人には、やっぱり工藤會しかありませんからね。そういった者が集まってくる。

北九州には、よその系列の組織がまずありませんので。われわれがこう言うのもおかしいですけど、田舎の地方の中ではちょっとメジャーな、うちの代紋と名前があれば、シノギがしやすいということがある〉

前記した通り、工藤會が独占的に仕切る北九州市で血腥《ちなまぐさ》い事件が続発しているわけだが、福岡県警の無力、あるいは工藤會の徹底した秘密保持がたたって、ほとんどの事件で犯人は逮捕されていない。事件と工藤會を結びつける証拠がないのだ。

確証はない

しかし、前記したように北九州市はほぼ工藤會だけが仕切っている。その北九州市で暴力団の犯行と思われる事件が多発している。よって事件の犯人は工藤會の組員だろうと、三段論法で警察やメディアは推理している。

具体的に最近の事件を挙げてみよう。

一一年一一月の夜、北九州市小倉北区で建設会社の役員（事件時七二歳）が帰宅して車から降りたとき、二人乗りの小型バイクが車に近づき、後ろに乗った男が数発の銃弾を役員に発射した後、バイクで逃げ去った。役員の妻が一一〇番通報して役員は病院に運ばれたが、間もなく死亡が確認された。

同社は大手ゼネコンの一次下請け会社である。生コンの型枠工事会社などをまとめ、二次下請けに仕事を割り振っていたが、暴力団系企業を二次下請けから締め出す方向で動いていた。

一二年一月の早朝には、福岡県中間《なかま》市の建設会社支店前で同社の社長（同五二歳）が撃たれた。社長は外の自販機で飲み物を買おうとシャッターを開け、表に出たところ、無言で近づいてきた男が拳銃を発射し、腹や右腕に全治三ヵ月の重傷を負わせた。

この社長もゼネコンの「名義人」をつとめる有力会社で、年間売上高は約一〇億円、二次下請けの選定を任されていた。〇五年八月にも同社長の自宅の壁には銃弾二発が撃ち込まれたが、県警には「心当たりがない」と答え、県警が一一年一二月に発足させた「暴力団対策身辺警戒隊」の保護対象者ではなかった。

日本で犯罪に拳銃を使うのは暴力団か不良中国人ぐらいだろう。堅気の人間が拳銃を使うことはほとんどない。よって二件の銃撃犯は暴力団のメンバーと見るのが妥当だろう。

一二年一二月、福岡県警は中間市の事件につき殺人未遂と銃刀法違反の疑いで工藤會系組幹部の男二人を逮捕したが、二人は「身に覚えがない」と容疑を否認した。逮捕に至るまでに不自然な経緯もあり（事件現場に放置されていたカラ薬莢に組員の指紋が残されていたと県警は言う。だが、それならなぜ事件発生から一〇ヵ月もたって、容疑者が逮捕されたのかなど）、実際に彼らが犯人なのかどうか、まだ確定的なことはいえない。

北九州市の事件の方は未解明で、犯人は逮捕されていない。

事件解明の前に、建設業者の間には、暴力団への恐怖感だけが浸透していった。事件を暴力団が敢行したとするなら、暴力団は所期の目的を十分に達成したと見るべきだろう。

相次ぐ未解決事件

ところで福岡県の暴排条例はその第一四条二項で「暴力団立ち入り禁止の標章」について

定めている。もちろん他の都道府県にも「暴力団立ち入りお断り」のステッカーがあるが、福岡県の標章制度は罰則を伴っている点で、他所のステッカーとは性格が異なる。

つまり風俗営業や特定接客業者は店にこの標章を掲示することができ、標章を無視して、立ち入った暴力団組員には五〇万円以下の罰金が科される。

標章制度が実施されているのは北九州市、福岡市、大牟田市、久留米市、飯塚市の中の特定した繁華街である。

標章を掲示する店には細かい定めがあり、酒を提供し、夜一〇時以降も営業している——などの条件がある。これに該当するのはクラブやラウンジ、キャバクラ、バー、スナック、居酒屋、ゲームセンターなどである。

北九州市ではこの暴力団立ち入り禁止の標章を張り出した店の経営者や従業員が傷つけられる事件が一二年八月以降、相次いだ。

八月三〇日午前二時一五分ごろ　八幡西区の雑居ビルでスナック従業員の女性（事件時四四歳）が顔などを切り付けられた。
九月一日午前一時半ごろ　小倉北区のマンション通路で飲食店経営の女性（同五五歳）が

顔などを切り付けられた。

九月七日午前一時ごろ 小倉北区のマンション前でスナック経営の女性（同三五歳）と、助けに入ったタクシー運転手の男性（同四〇歳）が顔や首などを切り付けられた。

九月一〇日夜 小倉北区と八幡西区の飲食店約九〇店に標章を外すよう脅迫電話があった。

九月二六日午前〇時四〇分ごろ 小倉北区のマンション下で飲食店経営の会社役員（男性、同五四歳）が尻や腿を刺された。

こうした店は暴力団立ち入り禁止の標章を掲出していたので、刺した者は暴力団関係者だろうと、福岡県警は見ていたが、いずれの事件でも犯人は逮捕されず、福岡県警は「何をしている。無能すぎる」と、市民の非難が集まることになった。北九州の北橋健治市長も事件が解決しないことにいらだち、「犯人検挙こそ最大の暴追運動だ」と福岡県警に苦言を呈したほどだ。

犯人の未逮捕は同時に「暴力団説」の根拠がどれほどのものか、市民を半信半疑にさせた。

さらに北九州市では一二年、飲食店の不審火騒ぎが相次いだ。


八月一日午前三時四五分ごろ　八幡西区の雑居ビルで不審火。

八月一四日午前四時半ごろ　小倉北区の雑居ビルで不審火。

八月一四日午前四時四五分ごろ　小倉北区の別の雑居ビルで不審火。

一〇月八日午前四時五五分ごろ　小倉北区のスナックが全焼。ただしこの店は九月にいったん掲げていた暴力団立ち入り禁止の標章を、警察官立ち合いの上で外していた。

一〇月一〇日午前四時半ごろ　八幡西区のビルオーナー宅の木製門扉に付け火。五〇センチ四方を焼いた。ビルは標章制度の対象地区内にあり、標章を掲げる店が数店入居していた。


これら不審火事件も一件を除いて、犯人は逮捕されていない。そのため切り付け騒ぎ、ぼや事件とも、本当に立ち入り禁止の標章制度が事件の背景にあり、警察のいうとおり暴力団の犯行なのか、市民を戸惑わせた。変質者や愉快犯の犯行ではないかという見方も生まれたが、ともかく最寄り警察の役立たないパトロールや、立ち後れた事件捜査が市民に恐怖感や焦燥感を与えた。

「私も聞きたいぐらいだ」

事実、同年一一月一五日、小倉北署は無職の男（事件時五五歳）を非現住建造物等放火容疑で逮捕した。この男は暴力団の組員ではない。最初、スナックの女性従業員を脅迫した容疑で逮捕された際、「交際を断られ、頭に来た」「おまえを殺して俺も死ぬ」などと脅し、一〇月八日、スナックに火をつけ、約四二平方メートルを全焼させたのだ。

この放火は工藤會の犯行ではなく、痴情関係のもつれによる事件と判明したが、では他の事件はどうなのか。やはり工藤會の犯行ではないか、と市民は半信半疑になっていた。

工藤會幹事長・木村博に「なぜこうも北九州では事件が多いのか」と、面と向かって聞くと、こう答えた。

〈私も聞きたいぐらいだ。強いていえば、北九州は石炭と鉄と港に育てられた町だ。地元民の曾祖父の時代からこうした業種に関係してきて、荒くれ者ばかりだった。今の世代にもその名残があり、事件が起きやすいのかもしれない。実際、全国的にみて福岡は

刑法犯の発生率が昔からいつも上位だった〉

工藤會はこうした事件に本当に関与していないのか。

〈いっさい工藤會として関与したことはないし、そういう報告が執行部に上げられたこともない。万一うちの会員の関与が判明したのなら、即刻その者に相応の償いをさせる。

警察は工藤會を仮想敵に仕立て、世間を納得させようとしている。またマスコミも情けないことに、県警の報道部に成り下がって、われわれの犯行だと言い立てるか、臭わせている。われわれは一部メディアをすでに訴えているが、あまりに目に余る場合は訴訟などで対抗する〉

官庁や企業が職員（社員）が犯行に手を染めたと認めるのは、職員（社員）が逮捕、もしくは起訴されたときである。それ以前の段階では、どのように疑わしくとも、職員（社員）の犯行を否定する。工藤會の犯行否定もこれに類するものと考えるべきかもしれない。工藤會は警察との闘争の真っ最中にあり、正確、公正な回答は期待できない。

不敵な組長夫人

工藤會に対しても、山口組に対してと同様、警察庁前長官の安藤隆春が一〇年四月、攻撃を号令している。彼は北九州市警察部を訪れ、暴力団犯罪捜査課の課員ら約一二〇人を前に訓示した。

「あらゆる法令、手段を駆使して工藤會壊滅に向けて尽力せよ。社会が一体となって暴力団を孤立化させていくことが不可欠だ」

警察庁長官は一一年一〇月、安藤隆春から片桐裕に変わったが、弘道会と工藤會を主要敵とする警察庁の路線はいささかも揺るがなかった。

工藤會は警察に対して遠慮会釈しない。

一二年二月、工藤會系組長の妻が福岡県警ばかりか、県警に同調したカドで朝日新聞まで訴えた。

事件の概要はこうである。工藤會系の組長の妻であるI・Kは〇五年から代表取締役として土木建築業のS工業を営んでいた。

関西電力大飯発電所（福井県）は三菱重工業を請負人に四号機の定期検査や配管などの修繕工事を行った。それら業務は大平電業大飯事業所が請け負い、実際の作業には高田機工から労働者供給を受ける旨契約していた。が、実際にはS工業から労働者一人を派遣して作業に当たらせていた。

いわゆる偽装請負であり、これによりI・Kは高田機工の偽装請負を幇助したとして一二年一月、職安法違反幇助で逮捕され、二月略式起訴、罰金二五万円の略式命令を受けた。

ところが朝日新聞西部版は二月「下請け、工藤會に一億円　資料押収　原発偽装請負めぐり」と見出しにうたい、「S工業が得た売り上げは年間二億円以上に上り、うち約一億円が工藤會側に流れていたという」などと大きく報じた。

報道によりS工業は顧客から取引を打ち切られるなど、今後の事業継続が不可能になった。同社の売上高平均は年一億八〇〇〇万円であり、売上総利益は年約二五〇〇万円、一般管理費などを控除して年一〇〇〇万円程度の利益だった。この中から工藤會に一億円など上納できる余裕はなく、実際に上納もしていない。だいたいI・Kは工藤會系の組長と結婚する前からS工業を営んでいた。S工業が工藤會に上納などといった報道は見当違いも甚だしいと反発した。

よって朝日新聞と、虚偽のストーリーをリークした福岡県警（福岡県）は三三〇〇万円の損害賠償と謝罪広告を出せと、I・Kは訴えたわけだ。

撃たれた元警部

福岡県では一一年、一八件の発砲事件が起きたが、県警はほとんどの事件を摘発できずにいる。挙げ句、組長の妻について事実無根のリークでは、その尻馬に乗って報じたメディアともども訴えられるのも仕方がない。

こうした工藤會は福岡県警はもちろん、警察庁にとっても憎むべき敵になる。可愛げがなく、警察の顔に泥を塗る。許せない、と頭にきて当然だが、その上に退職した元警部を（何者かに）拳銃で撃たれる事件を許してしまった。

一二年四月一九日朝七時すぎ、北九州市小倉南区の路上で福岡県警の元警部（事件時六一歳）がバイクに乗った男とすれちがいざま、無言で拳銃数発を撃たれ、うち二発が左の太ももなどに当たった。元警部は四週間の重傷を負った。使われた銃弾は二二口径と小さく、元警部は最初自分が撃たれたことに気づかなかった。そのため、周辺は朝のことで明るかったが、犯人がどのような男だったのか、まるで記憶にないと供述しているようだ。

元警部銃撃事件は工藤會のしわざと容易に割れそうだったが、福岡県警は犯人の手がかりを得られず、事件は未解明のままである。

県警によると、撃たれた元警部は約三三年間暴力団捜査に従事し、退職前は工藤會対策の特別捜査班長だった。県警は元警部を退職後、「保護対象」として扱い、自宅周辺を巡回警備していた。にもかかわらず事件は起きた。

警察庁は事件発生後、九州管区警察局に対し「福岡県警に機動隊員ら数百人を派遣せよ」と指示した。松原仁・国家公安委員長も事件現場を視察し、「銃撃事件は法治国家日本に対する挑戦。通信傍受の拡大やおとり捜査など捜査手法の高度化が必要だ」などと息巻いた。元職だろうと、警察は警官が撃たれれば躍起になって仇捜しを始める習性を持つ。

狙われた元警部の評判

県警はまだ事件解明の端緒さえ摑めていないのだが、発生直後から「工藤會による犯行の可能性が高い」と公言し、撃たれた元警部は「暴力団捜査のスペシャリスト」「正義感が強く暴力団に物が言える刑事」「工藤會捜査に尽力したベテラン警察官」などとメディアに情報を流した。

県警によれば、この事件は「警察への挑戦」であり、「工藤會と全面対決」する理由になる。県警は市内で職務質問や検問を乱発し、市民を辟易《へきえき》させた。

だが、地元の警察内部にさえ「元警部は暴力団と癒着して情報をもらう旧型のデカ。よほどあざといマネをしたから撃たれたんやろ」と冷ややかな見方がある。

工藤會でも元警部はきわめて評判が悪い。同会の幹部が言う。

「元警部はヤクザの間で『イッさん』と呼ばれていた。こっちから情報を取ったり、こっちに捜索情報を流したり、ヤクザや工事業者と飲んだり食ったり。そりゃうまいこと甘い汁を吸っていた。

イッさんはヤクザの事務所や住まいに顔を出し、飾り棚を覗いては『いい酒置いてるね』とねだる。で、こっちも『持ってけや』と酒や小遣いを渡していた。

数年前、工藤會の組員が何人か逮捕された事件がある。頭に来たうちの者が小倉北署に乗り込み、捜査課長の前で『イッさん、あんたに今までやったカネ、耳揃えて全部返せや』と言うたことがある。一事が万事、こんな調子の男や」

福岡県警の実力

警察庁は工藤會の首根っこを押さえるべく一二年、暴対法改正案を上程し、可決された。改正暴対法では新しく「特定危険指定暴力団」という枠を設けた。特定の暴力団をこれに指定すると、その組の組員が不当要求行為などを行った場合、中止命令なしにいきなり逮捕できる。

福岡県公安委員会（県警とほぼ同じ）は工藤會をこの「特定危険」に指定すべく、一二年一一月、同会に「意見聴取通知書」を送った。「特定危険」の指定に文句があるなら言い分を聞こうというわけだ。

だが、福岡県警は北九州市に見る通り検挙率が低いことで全国に知られる。そのような警察に「特定」するだけの暴力的要求行為がらみデータの蓄積があるのか、危惧する声があった。特定する以上、もちろん「工藤會組員に容疑」では足りない。犯人を逮捕し、決着がついた事件だけが基礎データになる。

「破綻している」と喝破

やはり公安委が「通知書」に記した工藤會関係事件は古かった。二〇〇〇年、〇一年、〇三年、〇五年、〇九年にそれぞれ発生した五事件を並べ、こうした事件を起こしたから、「特定危険」に値するという論理をとった。

その中には、組員が言うことを聞かないゴルフ場支配人の胸を短刀で刺したとか、組事務所の撤去を要求した組合に対し、組員が理事長管理の店舗に乗用車で突っ込んだとかの事件が含まれている。

意見聴取は福岡市の県警本部一階の会場で開かれたが、工藤會はこう反論した。

〈警察庁が毎年発表している「暴力団情勢」によると、〇八年指定暴力団の組員に出た中止命令は二〇一八件である。この年の指定暴力団組員数は計三万八八八〇人だから、組員一人当たり約〇・〇五一九件の中止命令が出された勘定になる。工藤會の組員数はこの年七七〇人とされているから、約四〇件、中止命令が出されて当然だったが、実際に出された件数は一二件だった。

同様に〇九年は期待値（平均値）三七件のところ実際には一三件、一〇年は期待値三四件だが一六件、一一年は期待値三四件だが一〇件、一二年上半期は期待値一七件だがわずか二件に過ぎなかった。つまり工藤會の暴力的要求行為等の発生率は平均値より低い。

にもかかわらず「暴力的要求行為等が多数敢行されていることなどから、工藤會の構成員等が更に反復して暴力行為を行うおそれがある」とする公安委の主張は破綻している〉

意気軒昂な工藤會

工藤會は、むしろ工藤會を「特定安全指定」すべきだと公安委を揶揄し、警察には「市民の信頼回復に全力を尽くして頂きたい。工藤會も協力を惜しまない」と激励した。警察をおちょくったのだ。

だが、警察には没論理的な一面がある。工藤會の反論がいかに理屈に適《かな》っていようと、指定しようと思えば指定する。暴力団の人権は考慮の外というのが警察の偽らざる感覚だろう。当然のように工藤會は全国で唯一、「特定危険指定暴力団」に指定された。

一三年一月、工藤會はこの指定につき、福岡と山口県の両公安委員会を訴えた。訴えたところで結論は変わらず、指定が外されることはあり得ないが、とにかく工藤會は警察（公安委）を相手取る。この点、警察・検察に訴えられる一方の山口組とは行き方を別にしている。

工藤會は警察の包囲下にある。一三年五月、福岡県警はまたも他都府県警から捜査員の応援を受けた。

すなわち警視庁三〇人、大阪府警八人、千葉県警五人、神奈川県警七人、計五〇人の捜査員が福岡入りし、一二年からの二二人と合わせ、計七二人が福岡県警の捜査を助けることになった。

警察庁暴力団対策課の露木康浩課長は応援の捜査員を前に「福岡県の暴力団対策は全国の対策を左右する重要な取り組みだ」と語ったが、今や工藤會は全国のマル暴刑事を相手取っている。そのくせ山口組ほど疲弊の色はないのだ。

第三章　飛んでる半グレ集団

関東連合の実像

東京・六本木を舞台に多くの暴力事件を引き起こした元暴走族出身の関東連合は「半グレ集団」の存在を世に知らしめたが、六本木のクラブ「フラワー」での人違い殺人（二〇一二年九月発生）がたたり、現在、解体へと向かっている。

関東連合は暴力が突出したグループ、経済活動を得手《えて》とするグループ、暴力団に入り組員となったグループと、おおよそ三分されるが、少なくともこのうち暴力派は自ら仕掛けた「フラワー事件」で再起不能なまでに打撃を受けた。

経済派はまだ健在だが、今後は関東連合の一員という帰属意識を失い、徐々に細分化していくと見られる。

三つ目に挙げた暴力団加入派では、住吉会系幸平一家堺組に属した田丸大氏が代表的な存在である。田丸氏は関東連合で非常に人望があったようだが、暴力団に入れば暴力団の決まり事に時間も体も縛られる。将来的には今以上に暴力団に吸収されていくと見られる。

事実、田丸大氏は一三年五月、新宿区西早稲田のマンションに拳銃を発射し、拳銃と銃弾を持って戸塚署に出頭した。田丸氏以外にも暴力団の組員になったり、組員にならないまでも暴力団の庇護を受けた関東連合のメンバーはいる。古くは二率会（〇一年解散）、住吉会系の向後睦会、同小林会、山口組系倉本組などに縁を持つ者がいた。

組に入った関東連合のメンバーは組を続けるにしろ、やめるにしろ、また服役するにしろ、組員もしくは元組員としてこれからの人生をたどるわけで、関東連合とは縁が薄れる一方と見られる。

半グレとは何か

関東連合は暴力で名を売ったが、その新しさはむしろ経済活動にあるから、三分化は半グレ集団の本質にはなんら関わりがないともいえる。しかし暴力に裏打ちされた「スター性」が経済活動を助けた一面があり、今後はハデな暴力活動を期待できないことから、彼らの経済活動はより地味に、より潜行性を加えていこう。マフィア経済を担う団体として純化していくはずである。

ここでいうマフィア経済は秘密性、匿名性、儲け第一、仲間うちだけの利益、被害者を顧慮しない非情、同業者との交流なし――などを特徴とする。半グレ集団の主流は犯罪組織であり、今後は最も半グレ集団らしい組織へと脱皮するといえるかもしれない。

ちなみに「半グレ」という言葉は半ば社会に定着してきたが、これは筆者の仮の命名が元になっている。というのは筆者は一一年四月に『ヤクザ崩壊　侵食される六代目山口組』（講談社＋α文庫）を出し、その中でこう書いたからだ。

〈暴力団の陰で新興の組織犯罪集団が勃興《ぼっこう》している。彼らに対する公的な呼称はまだなく、本書では「半グレ集団」と呼ぶことにする。「半グレ」とは彼らが堅気《かたぎ》とヤクザとの中間的な存在であること、また「グレ」はぐれている、愚連隊のグレであり、黒でも白でもない中間的な灰色のグレーでもあり、グレーゾーンのグレーでもある〉

この後に半グレ集団の特徴を四つほど挙げた。簡単に記せば、

①彼らは暴力団に籍を置いていない。そのために暴力団対策法や暴力団排除条例の対象外。
②匿名性と隠密性。暴力団は人に知られてナンボの世界だが、その逆。
③暴力団の構成員に比べて半グレ集団のメンバーは二〇～四〇代までと若い。そのためにネットやＩＴ技術、金融知識などを身につけ、自在に使いこなす。

④新規の志望者は暴力団で半減、半グレ集団で増大。

とりあえず右のような特徴を数え上げたのだが、これに照らして今の関東連合を見ると、関東連合は半グレ集団の中でかなり異質である。今までが有名すぎたのだ。

修正不能な分裂

関東連合の転機となったフラワー事件はいってみれば、大失敗した仇討ち物語と括れるにちがいない。

話が前後するが、一三年七月、元関東連合幹部の工藤明男氏（筆名）がフラワー事件に触発された形で告発書『いびつな絆　関東連合の真実』を刊行した。この本の刊行で関東連合が外部からも明白に分かる形で分裂したこと、同時に内部情報を明らかにすることで分裂がもはや修正不能であることが明らかになった。

工藤氏はフラワー事件の後、「関東連合を一刻も早く解散させたい」と願い始めた。彼の立場は関東連合の中でも少数の良識派に属する。多数派はフラワー事件でフィリピンかペルーに逃亡している見立真一容疑者（事件時三三歳）が率いている。

見立容疑者は海外からの電話で日本在住のメンバーを遠隔操作し、「裏切り者の工藤氏や関係する女を殺せ」と命じている。警視庁は『いびつな〜』の刊行に前後して最寄り署を通じ、工藤氏を保護対象とした。

工藤氏はかつて芸能プロダクションや投資会社、コンサル会社などを経営していたが、役員に名を出せば商業登記から住所が割れ、見立容疑者による攻撃を招く。そのため、会社の役員をいっさい辞任し、単に株主として配当を受ける生活に入ったと語っていた。彼が望めばの話だが、今後、成功した事業家として一般社会に溶け込んでいくことも可能だろう。

暴力団と半グレの距離

他方、見立容疑者が逃亡生活を続けるためのカネはメンバーが手持ちで現地に届けているようだ。用心深い見立容疑者は「足がつく」からと、カードや銀行口座への振り込みをいっさい利用していない。

工藤氏によれば、半グレ集団としての関東連合は一九七八年生まれの世代を最年長に、八三年生まれの世代までの六世代のみを「自分たちの関東連合」と考えているという。

つまり二〇一三年を基準に考えれば、関東連合のメンバーはほぼ三〇〜三五歳の世代に限られることになる。

〈六本木「フラワー」の事件（後述）を首謀して海外逃亡している見立（真一）君は、S五四年（一九七九年）生まれだが、早生まれだから学年で言えば最年長のS五三年生まれの世代であり、その世代の総長（リーダー）だった。海老蔵事件以降にタレント活動を始め、たびたびマスコミに登場するようになった石元太一はS五六年生まれのリーダーだ〉（工藤前掲書）

本書でも以後この狭義の「関東連合」を使うことにする。

主流の見立派と工藤氏など良識派のメンバー比は五対一で、良識派は圧倒的に少ない。

誤爆事件では見立容疑者が近年最大の資金源としていた百井茂被告も逮捕されたため、見立容疑者の逃亡生活が資金的にいつまで維持できるか、大いに疑わしい。見立容疑者が逮捕、国内送還になれば、関東連合の暴力派は根こそぎ収監か入獄する状態になり、実質的に壊滅する。

告発者の工藤氏は六本木誤爆事件は取り返しのつかない誤りと考えている。見立容疑者も悪あがきせず、帰国して誤爆事件を主導した罪を償《つぐな》うべきだ、と。

見立容疑者は山口組系弘道会の岐阜の組織、野内組に「ゲソをつけている」。正確には野内組の諒解を得て月会費などを納めるが、月例会への出席や事務所当番などは免除され、なにか事が起きたとき、弘道会の名を出せる程度のつながりらしい。

これにより暴力団とトラブルになった際、暴力団の名前を出すことで暴力団の追い込みから免れられる。この場合、暴力団は半グレの「ケツ持ち」（後見人役）になるわけだが、たかだか月会費を払わせる程度で半グレを庇護していいのかという意識が暴力団側に芽生えている。

事実、見立容疑者と弘道会系野内組との関係が組内で問題になったともいう。弘道会事情に通じる名古屋のライターが解説する。

「見立容疑者のケツ持ちだったのは野内組のカシラ（若頭）だ。この男は一二年末、除籍になった。野内組が両者の関係を咎めて処分するなら、除籍でなく破門になるはず。カシラの除籍は別の理由かもしれない」

この野内組が見立容疑者や関東連合の危機にテコ入れする義理もないし、テコ入れすることによるメリットもない。だいたい両者はさほど強いつながりではなかった。

執拗なまでの暴力

さてフラワー事件の前提となる第一の事件は〇八年三月、東京・西新宿五丁目の路上で発生した集団暴行殺人事件である。

韓国食材会社の社員・金剛弘（事件時三二歳、通称は金村）が十数人の男たちに鉄パイプのようなもので殴られ、五日後、脳挫傷で死んだ。金は七五年の生まれで「新宿ジャックス」を結成した後、暴走族に所属し、関東連合の正式メンバーにはならなかったが、腕力の強さで関東連合の後見役まがいの位置に着いた。金は関東連合総長の見立容疑者とは特に親しかった。

産経新聞は金殺害事件の概要を次のように伝えている（「産経新聞」〇八年四月一一日付）。事件を要領よくまとめているので、以下、引用しておく。

〈東京都新宿区の路上で3月、渋谷区本町の会社員、金剛弘さん（32）が集団暴行を受け殺害された事件で、事件数日前に金さんが暴力団関係者を含むグループとトラブルになっていたことが10日、警視庁捜査1課の調べで分かった。犯行グループは金さんの帰宅を待ち伏せし、逃げる金さんを約300メートル追いかけて執拗《しつよう》に暴行していたことも判明。捜査1課は、金さんが意図的に狙われたと断定、トラブルとの関連や交友関係を調べている。

調べでは、金さんは3月16日未明、新宿区西新宿の路上で、複数の男に鉄パイプなどで襲われた。金さんは「ごめんなさい」と泣きながら命ごいしたが、男らは「殺せ殺せ」と言いながら暴行を続けた。悲鳴を聞いた住民の通報で警察官が駆け付けたが、男らは既に逃走。金さんは病院で21日に死亡した。

目撃証言から、男らは十数人で事件直前に金さんを自宅周辺で待ち伏せしていたことが判明。全員が目出し帽で顔を隠しており、捜査1課は顔見知りのグループとみて捜査を始めた。

金さんは父親が経営する韓国食品の輸入販売会社で働く一方、地元暴力団周辺者や不良グループともつながりがあり、別の不良グループと対立を繰り返していた。事件直前に都内の飲食店で対立グループとトラブルになっていたという〉

対立を深めていた

この事件の犯人たちは今もって未逮捕であり、事件は解明されていないが、一部に事件の首謀者としてK兄弟の名が挙がっている。K兄弟は八〇年前後、新宿、渋谷、世田谷あたりの不良を束ね、「ジャックス」に属していた。ジャックスOBの一人が殺された金であり、金はK兄弟の先輩格に当たっていた。しかし金が関東連合に近かったのに対し、K兄弟の弟は山口組系極心連合会（橋本弘文会長、本部は東大阪市）傘下の組に所属していた（その後、破門）。またK兄弟と行動を共にしていたTは同じく「ジャックス」OBで、山口組系秋良連合会（秋良東力会長、本部は大阪市浪速区）傘下の組員でもあった。

つまり金剛弘は関東連合に、対抗するK兄弟の弟とTは山口組系組織に加わることで、対立を深め、抗争に備えていた。

両者のグループは金が殺される二日前、たまたま広尾のちゃんこ鍋店で鉢合わせし、金がT系の秋良連合会傘下組員を殴打、一撃で倒す事件が起きた。

この喧嘩の次の日が見立真一容疑者の誕生日パーティーであり、これには金も参加した。日付が変わって次の日の午前四時ごろパーティーはお開きになり、金が自宅に辿り着く直前、前記の通り集団的な待ち伏せ攻撃に遭い、絶命したわけだ。

事件の背景としては真偽不明だが、他に覚せい剤取引をめぐるトラブル、借金による金銭トラブルなどが取り沙汰されている。が、関東連合はこの日以降、K兄弟への報復を誓い、K兄弟を探し続ける。

機械で得られる情報で十分

一二年九月二日、午前三時四〇分ごろ、港区六本木ロアビル二階のクラブ「フラワー」で渋谷の焼き肉店経営者、藤本亮介さん（事件時三一歳、中野区在住）が仲間と談笑中、目出し帽をかぶった一〇人ほどの男たちが金属バットなどを持って店に乱入、藤本さんを袋叩きにして殺す事件が発生した。

男たちは一～二分藤本さんを無言のまま執拗に殴った後、ロアビル近くに駐めたワゴン車二台に分乗して東京・東大和方面に逃走した。

警視庁は同月七日、襲撃グループをとらえた防犯カメラの映像を公開した。画像は人物を特定できるほど鮮明だったから、事件に関係したものは早々に逮捕されると思われたが、意外にも長期間を要した。

同年一二月、関東連合メンバー二人が捜査本部に出頭した。捜査本部は詐欺罪などで逮捕していた関東連合メンバー石元太一容疑者の供述と併せ、二人から事情聴取し、凶器準備集合容疑で一七人の逮捕状を取った。

警視庁は一三年一月二一日までに関東連合メンバーと関係者計一八人を逮捕した。あとは海外逃亡している見立真一容疑者を残すだけとなったが、今後は殺人容疑での立件を目指すとしていた。

逮捕と前後して事件の概要が分かってきた。藤本さんは関東連合側の人違いにより殺されたとほぼ確定した。事件の構図は唖然とするほど単純で、関東連合暴力派の行動原理がまだ暴走族レベルの「やられたらやり返す」に留まっていることを示していた。

K兄弟の弟とたまたま外見が似ていたため、藤本さんは殺された。クラブの店員がK兄弟の弟と藤本さんを見まちがえ、石元太一容疑者に電話し、石元容疑者が見立容疑者にその旨報告したことで、人違い集団殺害事件が引き起こされたのだ。

フラワー事件の捜査本部は麻布署に置かれた。警視庁は捜査一課（暴力団が関係していない殺人、強盗、傷害、放火などを担当）を主体に、ごく一部だけ組織犯罪対策三課、四課（暴力団を担当）から要員を投入した。

警視庁詰め記者の解説によれば、

「捜査一課と組対三、四課は関係が悪い。組対に情報が寄せられたところで、組対は捜査一課に情報を渡すかどうか。

捜査一課の方でも、『暴力団とつき合って得られるような情報はもう要らない。防犯カメラや幹線道路沿いのNシステム（車ナンバー自動読み取り装置）など、機械的に得られる情報だけで十分』と考えている」

「準暴力団」

捜査本部発足時点から警視庁部課制の縄張り根性がネックになったが、むしろ問題は実行犯逮捕後に明確化すると、同記者は指摘した。

「九人が被害者を取り巻き、折り重なるようにして鉄パイプ状のもので殴った。そういう状態だから、致命傷を与えた者が誰か、特定が難しい。まして凶器となったのが棒だから、殺人には問えず、傷害致死の可能性が高い。となると、刑は五〜六年といったところ。

まして実行犯は暴力団の組員ではないだろうから、暴力団対策法や暴排条例の対象外。執行猶予がつく実行犯だっているかもしれない」

事実、東京地検は殺意の立証が困難として、逮捕者のうち三人を処分保留で釈放した。また六人を凶器準備集合罪で、九人を傷害致死罪で起訴した。見立容疑者だけが今後、ことによると殺人罪で起訴される可能性はあるが、これまでのところ殺人罪での起訴は一件もない。半グレ集団の刑期は組員に比べ圧倒的に有利な上、警察は半グレ集団の犯歴データさえ蓄積していなかった。

警察庁もさすがに半グレ集団の捜査体制不備を痛感したのだろう。一三年三月、半グレ集団を「準暴力団」と位置づけ、その実態解明と摘発強化を全国に指示することを決めた。

朝日新聞は「『準暴力団』を新設　関東連合と怒羅権を認定　警察庁」と見出しにうたい、次のように報じている（一三年三月七日付夕刊）。

〈警察庁は7日、暴走族「関東連合」元メンバーと「怒羅権（ドラゴン）」メンバーの一部が、それぞれ暴力を用いて集団犯罪を繰り返しているとして、両集団を「準暴力団」と呼んで取り締まることを決めた。

警察庁は、準暴力団を「暴力団のように組長をトップとする上下関係のはっきりした組織ではないが、所属する者やＯＢが集団で常習的に暴力的不法行為を行う」と定義。

暴力団対策法などに基づく指定や認定ではなく、「治安を脅かす新たな反社会勢力」と位置づけている。ほかに同様の集団がないか調べるよう全国の警察本部に指示した。ただ、既存の暴力団と結び付いて犯罪組織化している実態もあり、取り組みの遅さを指摘する警察幹部もいる。（以下略）〉

警察vs.半グレ

当面、対象とするのは暴走族から発した元「関東連合」ＯＢと「怒羅権」ＯＢのようだ。

暴対法によれば、「暴力団」とは「その団体の構成員が集団的に又は常習的に暴力的不法行為等を行うことを助長するおそれがある団体」である。

前記二組織のメンバーの中には振り込め詐欺や攻略本詐欺、エロサイト詐欺、投資詐欺などを専業とする経済グループがある。彼らのシノギは詐欺で知能犯的だから、「集団的、常習的な暴力」とはほとんど関係がない。にもかかわらず、彼らも新設の「準暴力団」に繰り込もうというのは、木に竹を接ぐような違和感がある。

暴対法では暴力団を「指定」しないことには意味がないのだが、「指定暴力団」は、その暴力団の組員が組の威力を利用して生計の維持、財産の形成、又は事業資金を得させるため、組の威力を組員に利用させ、又はそのことの容認を実質上の目的とする団体であり、かつ組長の統制の下に階層的に構成されている団体である――などの条件が必要となる。

半グレ集団は広く知られるように、誰がトップなのか明確でない。関東連合のトップは見立真一容疑者と、ある程度根拠をもって名指ししたのは、工藤明男氏『いびつな絆～』が最初だろう。年別の「総長」もいたし、石元太一容疑者のように、元一六代目総長として現在も関東連合トップに祭り上げられる者もいる。

内部でいくつか派が分立しているというのはほぼ定説だったし、トップとメンバーとは親分―子分関係ではなく、先輩―後輩関係が基本である。組織がピラミッド型に構成されているわけでもない。

彼らを暴力団に準ずる組織として「指定」するのは、そうとう無理がある。もっとも警察庁の思惑が、これまで暴力団の摘発専門でやってきた組織犯罪対策課が、これからは半グレも扱うということにあるなら、試してみる価値はあろう。

融合か、共闘か

たしかに半グレ集団と暴力団が共闘する場合、半グレ集団が暴力団の庇護を求めて組員になる場合がある。これらの現象をもって半グレ集団と暴力団の融合が進んでいると見るわけにはいかないが、かといって両者は反目し合うばかりではない。

両者の共闘を物語る典型的な事件がある。

一一年一二月一四日、午前二時五〇分ごろ、東京・六本木のキャバクラに二〇人ぐらいの男が押し掛け、店内にいた山口組直系落合金町連合の幹部ら四人をビール瓶で殴るなど、暴行を加え、素早く逃走する事件が起きた。

殴られた落合金町連合の幹部は意識不明の重体、残り三人も頭などに重軽傷を負った。

被害側は山口組直系落合金町連合の三人と山口組直系極心連合会の破門された元組員一人。加害側は住吉会系幸平一家―義勇会と関東連合、怒羅権の混合グループだった。

落合金町連合は一一年一〇月、山口組直系國粹会の若頭をつとめた落合一家・佐藤光男総長が内部昇格の形で山口組の直参（直系組長）に抜擢され、新たに落合金町連合として分派独立した。つまり東京の山口組直系組織はそれまで國粹会だけだったが、もう一つ、落合金町連合が加わったわけだ。

落合金町連合は金町一家、保科一家、落合一家、草野一家ほか十数団体で構成され、都内や近県に縄張りを持つ潜在力の大きな組織である。組内ナンバーツーの若頭には保科努・保科一家総長が就いたが、この保科一家が六本木で難に遭った。

他方、住吉会系幸平一家（加藤英幸総長、住吉会渉外委員長）は山口組さえその戦闘力に一目置く組織で、傘下には新宿や東中野などを仕切る堺組や加藤連合会、義勇会などがあり、これらは関東連合や怒羅権など暴走族ＯＢを一部、組員に組み入れている。

事件の襲撃方法は半グレ的である。多数が大挙して拳銃や刃物などを持たずに現場に押しかけ、手近のボトルなどで暴行を加える。ビール瓶や酒のボトルなら殺意はなかったと弁明できるし、組に加入していない半グレなら暴対法も暴排条例も適用されない。

事件の発生から一週間たった二一日、早くも両派は手打ちを決めた。

被害に遭った落合金町連合の保科一家はボコボコにされた四人のうち一人が脳挫傷で生死の境をさまよったが、とりあえず一命はとりとめた。死ななかったことで手打ちを受け入れたと伝えられる。

加害側の住吉会幸平一家と半グレ集団（関東連合、怒羅権）が被害に遭った山口組側に差し出した補償額（見舞金）がいくらかは諸説あったが、一説に幸平一家が二〇〇〇万円、暴行に加わった半グレ集団が五〇〇万円、計二五〇〇万円とされる。

外れる目論見

警視庁の捜査関係者は当時、心外そうに感想を洩らしていた。

「キャバクラに乱入して落合金町連合をボコボコにした二〇人のうち一三人までは特定していた。捜査本部を立ち上げ、これから摘発にかかろうというとき、手打ちされたので拍子抜けした。

おまけに二五〇〇万円がほんとの話なら、幸平一家と半グレ集団連合軍のやりどく、落合金町連合のやられ損だ。最低五〇〇〇万円は固いと予想していたから、なんで急いで手打ちなんだと思った」

警視庁としては事件で暮れも正月もないと手ぐすね引いていたところ、あっさり和解となって、ガックリ来た。というのは、事件を半グレ集団実態解明のチャンスと踏んでいたからだ。

法曹関係者が警視庁の思惑を説明した。

「六本木のビール瓶殴打事件を担当するのは普通の刑事課では無理で、やはり暴力団担当の組織犯罪対策課が乗り出すべきだろう。

だが、関東連合や怒羅権など半グレ集団は今のままでは暴力団対策法に引っかからない。そのため彼らのデータを集めて、なんとか暴力団対策法を適用できないか検討中だった。

関東連合や怒羅権のOB連中は有利と見れば、どこにでもくっつく。住吉会ばかりか、稲川会にも山口組にも籍を置く奴がいる。で、警視庁は関東連合OBを山口組系の流れを汲む組織と認定できないか、研究していた。

ところが山口組に近い連中は本体の山口組同様、警察に警戒的で、なかなかケツ持ち（後見）は山口とか、吐かない。おまけにこの事件では住吉会といい仲で、むしろ山口組に敵対したことを明かした」

つまり警視庁はこのころから半グレ集団を山口組系の「準暴力団」として扱えないか、虎視眈々《こしたんたん》と狙っていた。山口組系と認定できるなら、関東を地盤とする住吉会や稲川会の協力を得られ、関東から半グレ集団を排除できる確率が高まる。しかしこの六本木キャバクラ事件では逆に住吉会との共闘が浮上してしまった。

匿名性が要件

半グレ集団は定見なく、暴力団と反目したり、庇護《ひご》を受けたりした。山口組や住吉会、稲川会などの傘下組織と結んだり、敵対したりで方向は定まらない。同様に警察も定見なく、半グレ集団が山口組系なら摘発しやすいと根拠もなく願っていた。しかし半グレ集団を暴対法でという方針そのものが無理だろう。半グレを知能犯罪集団と位置づけた上、暴対法を「反社（反社会的勢力）対策法」に組み替えるぐらいでないと、「打つ手なし」のままだったが、半グレ集団と同様、行動は安易に、安易にと流れていた。

こうした流れからいえば、これまでの関東連合は暴力派が牛耳ることで目立ちすぎた。これからの関東連合は半グレ集団の特性のうち、とりわけ匿名性、隠密性を厳守することで半グレという存在を続けて行くにちがいない。

暴力団は相手に直接、間接的に自分を暴力団組員と認識させることで威迫や恐喝を行う。つまり知られてナンボの世界だ。対して半グレ集団は所属の団体やグループ名を相手に知らせる必要がない。たとえば関東連合OBが経営するクラブでコカインやMDMA（合成麻薬の一種）を売るにしろ、売り手が関東連合OBだから、薬物の純度が保証されたも同然という評価は成り立たない。逆に誰が売っているのか買い手に分からない方が警察の摘発を免れる条件になる。

半グレ集団が営む商売（シノギ）の種類にもよるが、大抵、メンバーやグループの名、経歴、所在地などいっさいの属性を隠した方がシノギはスムーズに長期安定して進む。オレオレなどの振り込め詐欺、新規上場株詐欺、投資情報詐欺、攻略法詐欺、出会い系サイトの運営、インターネットカジノへの誘い込み、ネット利用のドラッグ通販、ヤミ金の経営などを考えれば秘匿性、匿名性が彼らの商売の要件であることは明かだろう。

振り込め詐欺で振り込まれたカネをATMから引き出す役は出し子と呼ばれるが、詐欺を実行するグループと出し子を峻別《しゅんべつ》し、出し子にグループの情報を与えないことは振り込め詐欺の鉄則である。ヤミ金でさえ、利用者から反撃されないよう、利用者に知らせるのは自分の携帯番号だけといった風に自分の属性を極力秘匿する。

深く広く静かに

つまり関東連合は半グレ集団の本性に立ち返るのであり、半グレ集団は今後、間違っても暴力的なスターをつくるような愚は犯さず、ますます何食わぬ顔をして一般人を食い物にしていくはずである。

東京の怒羅権はこれまでも関東連合に比べ動きが目立たなかったが、今後も潜行路線をたどるようだ。中国残留孤児の二世、三世が中心という誕生から中国、中でも東北部に強かったが、ますます東アジアの要所に展開し、日本警察のフォローを断ち切る戦略らしい。半グレ集団は深く静かに潜行するばかりでなく、広く浅く浸透もしていく。

他の半グレ集団も同様に水面下に沈んでいく。たとえば大阪の強者《つわもの》は一三年一月大阪府警に解散届を出した。

「これは極心連合会の当時の若頭・山下昇（現相談役）が口をきいて届けを出させたのだが、徹底したものではなかった。で、その後、極心連合会本部長・浅野俊雄（現若頭）が強者に解散届を出し直しさせた。こちらは名実ともに備わっている。強者は解散です」（府警詰め記者）

早くも「強者」という看板が邪魔になって投げ捨て、以後は個人や小グループで勝負ということだろう。

というわけで、関東連合衰退後の六本木や歌舞伎町、大阪ミナミなどは暴力団や別の半グレ集団が埋めるわけではなく、それら以下の「不良」たちが跋扈することになるはずだ。全国の盛り場はハデに斬った張ったのドラマ性を失い、今以上に散文化すると見ていい。

第四章　テキヤの悲鳴

現実は月一〇万

寺社の境内で盆踊り大会。テント張りの下に机や椅子を並べて生ビール、焼き鳥、枝豆などを商っている。オヤジはもちろん、娘やおばさん、若い者がかいがいしく客の注文を聞き、お運びしている。

妙に息が合っているので、これは一家総出で稼いでいるのか。今どき珍しい孝行娘、孝行息子たちだ、などと思ったりする。

オヤジに確かめてみると、その通りで、クーラーボックスから飲み物を取り出しているのはオヤジのおかみさんという。

ところが、なおも話を聞くと、家族で働けるのはテキヤのうちでも親方クラスだけらしい。恵まれた層なのだ。若い者は稼ぎ場に家族を動員したくても、ハナから女房子供を養えないから、所帯を持てない。

「月二〇万円稼げれば、若い者も一家に残ります。現実は月一〇万の稼ぎですよ。だから若い者が残らない。

年間稼げる日は八〇〜一〇〇日。仕込みとか準備の日も入れて一三〇日。手伝いの若い者を手子（テコ）というんですけど、手子に一日一万二〇〇〇円払っても、均《なら》せば七〇〇〇円ぐらいにしかならない。これじゃ所帯持つのは不可能です」（東京・小金井、世田谷、原宿などを庭場にする杉東会五代目・野原朝明会長）

テキヤの仕事を見ていると、たえず体も口も動かす肉体労働である。だいたい名刺を見れば、「何代目会長」といった大物なのだが、それが自ら体を使って稼いでいる。お客は喜んでテキヤが提供する物やサービスに対価を払っているわけで、このどこが悪いのか、頭を傾げてしまう。

サラリーマンも同じ

だが、東京はじめ全国都道府県の暴排条例は軒並みテキヤの排除を決めている。

たとえば都の暴排条例、第一七条にこうある。

〈祭礼、花火大会、興行その他の公共の場所に不特定又は多数の者が特定の目的のために一時的に集合する行事の主催者又はその運営に携わる者は、当該行事により暴力団の活動を助長し、又は暴力団の運営に資することとならないよう、当該行事の運営に暴力

団又は暴力団員を関与させないなど、必要な措置を講ずるよう努めるものとする〉

見られる通り、単に努力目標にすぎないのだが、現実にはこの条項が実施され、テキヤが祭礼などから締め出されているのだ。

ところでテキヤはなぜ暴力団に組み込まれているのか。警察が博徒、テキヤ、青少年不良団の三つが暴力団だと決めつけているからだが、暴力団対策法で指定されている「指定暴力団」二一団体の中でテキヤ中心の団体は極東会（本部は東京・西池袋）だけである。

他のテキヤ集団、前出の杉東会や會津家、飯島、姉ヶ崎、丁字家、箸家、また関西の博労会など、全国に散在するテキヤはすべて暴対法上の「指定暴力団」ではない。つまり暴対法ではノーマークの集団である。

にもかかわらず、なぜ警察がテキヤを暴力団扱いするかといえば、おそらく彼らが親分―子分関係を基本に「擬制血縁」関係でつながり、本家―分家などの階層構造を成しているからだろう。

暴対法の三条三項に次の規定がある。

「当該暴力団を代表する者又はその運営を支配する地位にある者の統制の下に階層的に構成

されている団体であること」

博徒集団と同じくテキヤにも親子盃や兄弟盃がある。

しかし、とはいっても親分―子分関係を結ぶ気持ちも分かる気がする。「男はつらいよ」の寅さんのように、全国を旅回りするテキヤがいる。

旅先で自分を信用してもらうためには個人名を名乗るだけでは足りず、所属する集団名を名乗る必要があるはずだ。サラリーマンが所属組織名とその所在地、個人名が記された名刺を切るのと同じである。

寅さんも取り締まる

というわけで、テキヤが割を食っている最大の障害が暴排条例である。なにしろこの暴排条例がたたって、テキヤが境内を使って商売したくても宮司や住職が使わせない。都道や区道の舗道部分で売り台を広げたくても、地元の警察が許可を出さない。

二〇一一年一〇月、明治神宮を庭場にする杉東会が正月三が日の初詣客を当て込み、使用許可願いを出したが、神宮はテキヤを境内に入れず、周りの公道部分についても代々木署、原宿署が使用を認めなかった。

それまでテキヤの締め出しは不条理として、都知事秘書室や都総務局人権部などに、杉東会などと一緒になって掛け合っていた株式会社ミクロ企画（イベント企画会社）柿沼一郎社長は日本同和団体中央会などの協力も得て、一一年一一月に「上申書」を出した。

柿沼社長は元銀行員で、それまでテキヤとつながりはない。都庁や警察に信用されそうな実直な顔で、当たりも柔らかい。

ちょっと長くなるが、上申書は要領を得た文章なので、紹介しておこう。

〈東京都が新たに施行した暴力団排除条例は犯罪集団に対するものと理解します。

ところが犯罪集団とは無縁な、微細な資金で露店を生活の場として、一〇円、二〇円の細々とした利益の商売をして全国の祭礼を巡って稼ぐ「フーテンの寅」のような商人まで条例の取締対象とされています。

こうした商人は多数存在し、それぞれ家庭を持ち、子どもを養育しています。祭礼の場から露店が締め出されると参加者は淋しく、楽しみを奪われてしまい、祭自体が活気を失うことは明らかです。……市民は露店の締め出しを決して望んでいません。

今回条例によって、営業の場を失い、収入の途を断たれ、一家を路頭に迷わせることは政治が行うべきことではありません。憲法は職業選択の自由や営業の自由、生存権を保証しています。今回の条例を保健所の許可を得、暴力団と無関係の露店に適用することは法的にも疑義があります。……

私どもは暴力団関係者の出店を拒否し、出店終了後の清掃を行い、関係当局の指示に従うことを誓約します。よって、露天商人の窮状を察して頂き、露店営業が継続できるように要請します〉

ミクロ企画の申請でようやく警察は公道使用の許可を出した。柿沼社長は出店希望の九〇人、九二～九三軒の業者から住民票、運転免許証コピー、誓約書などを預かって最寄りの署に提出、警察は一人当たり四五〇〇円の審査費用を取ってIDカードのような許可証を出した。

ご大層な額ではない

ミクロ企画・柿沼社長は出店希望者から四日間（一二月三一日から一月三日まで）三万円の手数料を取り、ことによると、出店申請の代行業は五割ぐらい儲かるのではないかとソロバンを弾いたらしい。

「九〇人から各三万円を取って計二七〇万円の収入です。警察の審査費用が四五〇〇円×九〇人で四〇万五〇〇〇円、道路使用料が一日、一平方メートル当たり三一〇円、全店の電気代が仮設費用と撤去代も含め八〇万円、ゴミ処理料は分別ゴミではなく混載なので、高くて百何十万円。

結局残ったのが一七万円です。会社は私ともう一人だから、これは純然たる人助けと分かった。テキヤの人から『我々の代わりに仕切ってくれてありがとう』と感謝されたのが嬉しいぐらいです」

最初に業者から徴収した手数料三万円が特別安いわけではない。庭主であるテキヤの親分が出店希望者から集める手数料とほとんど同額である。

一一年一二月、兵庫県西宮市の西宮神社で毎年一月に開かれる「十日えびす」で、山口組系暴力団が露店の運営を取り仕切り、約五〇〇の店から計四五〇〇万円の場所代を集めていたことが分かったという報道があった。十日えびすは一月九〜一一日の三日間で、一店当たり約九万円の拠出で計四五〇〇万円が集められたと警察は見た。

たしかに一店当たり九万円は安くないが、電気代やゴミ処理代、水道代など、相応に経費がかかっているから、四五〇〇万円の全額が山口組系暴力団に渡ったわけではなかろう。事実、露天商組合の西宮支部長が一一年、出店の取り仕切りやトラブルの解決を期待して暴力団組員に払ったのは計六回、合計八〇万円だったらしい。

八〇万円だからお構いなしとはならないが、それにしてもテキヤ間で動く金額は思いの外、少額である。警察が上納金だと騒ぐほどご大層な額ではない。

自殺者が続出

一一年九月、山口組の直系組だった関西を代表するテキヤ集団、小車誠会・川口和慶会長が山口組本家から除籍となり、直後に小車誠会を解散した。関東でも関西でも、とりわけ山口組系の組織は警察の目の仇にされ、稼業から排除されているから、食うためには山口組から縁を切ってもらうしかない。

もちろん非山口組系のテキヤに対しても風当たりは強い。神戸博労会本家五代目、跡目実子の鹿野辰也氏が言う。

「警察は公の場所で出店したければ、住基カードか免許証、保険証を出せと言います。いったん許可を出しても、暴対（暴力団対策課）の人間が露店の現場に出張って一人一人チェックします。申請を出したのと同一人物か調べ、もし違っていたら、厳しく突っ込んでくる。二〇一一年一〇月ごろ暴対は神社仏閣を回って、とにかく暴力団を入れるな、テキヤを入れるな、と一斉排除に動いた。大きな神社仏閣では『昔からつながりがあるんだ。今になって放り出せない』と言ってくれたところもあるけど、ほとんどは警察の言い分に押されてます。テキヤは現金商売ですから、親方もカネが回らなければ、稼ぎ込み（徒弟奉公）の若い子を助けられない。我々の世界では生活苦から自殺者も多々出ています」

東京でも、ここ数年、身近な組織で自殺者三人とか、あちこちで耳にする。テキヤは冗談ごとではなく、せっぱ詰まっている。暴排条例がその元凶であることは確かだが、それ以外にもテキヤを追い詰める状況が生まれている。

テレビ通販に食われる

テキヤが面白おかしく口上を言いながら売る商法を啖呵売《タンカバイ》という。たとえば、

〈一つ買ってくれた人に一つがおまけです。こっちを買えばこっちがおまけ、こっちを買えばこっちがおまけ、二本そっくりでこの値段ならほんとに安いんだけど、二は憎ま

れて損をする。芝居でやる憎まれ役が仁木《にっき》の弾正《だんじょう》。よし、二という数がよくなければ、もう一本まけてやろう、二本買って一本おまけが当たり前、一本買って、あとの二本がおまけだ〉（坂田春夫『啖呵こそ、わが稼業』から引用）

子供のころは露店の前に立ち、まくし立てるおじさんの顔や身振りをアホヅラ下げて見守るだけで楽しかった。ところが最近はめったに啖呵売にお目に掛からない。

掘り出し物や安い商品、アイデア商品が百円ショップやコンビニにあふれていること。さらにテレビ通販のジャパネットたかたなどが、「これとこれとこれがおまけだ」と啖呵売そっくりのセールストークで物を売っていることが理由らしい。

おまけに祭りや花火に行っても、テキヤそのものを見る機会が少なくなった。

〈お祭りでもなんでもかんでも「土日にしましょう」って時代です。戦後しばらくの間は縁日もあり、雨の日以外、毎日のように稼げたものですが、今は土日に祭礼が重なり、稼ぎたくても稼げません〉（前出、會津家本家・坂田春夫元六代目会長）

テキヤ冬の時代である。町内の祭りなどではテキヤを排除し、代わりに地元商店が日ごろの商売物を並べ、町内会の有志がたこ焼きや焼きそばを覚束ない手つきで掻き回している。

しかし、隣のおばさんの焼きそばは食べたくないのだ。露店はバザーやガレージセールではない。品物が品質に照らしてリーズナブルかどうかはたいした問題でなく、危なげにプロの臭い漂うテキヤと接して、消費を楽しみたい。だからこそハレの夜なのだろう。

テキヤ殺して、お祭り死す

前出のミクロ企画・柿沼社長は正月の初詣に懲りず、一〇月中野の立正佼成会のお会式・一乗まつりでもテキヤのため一肌脱ぐつもりらしい。

「それで今、佼成会の総務課長などと話し合いに入ってますが、警察もその場に顔を出し、出店はボランティアにやってもらいたいなどと気軽に注文を出している。

が、佼成会側はすぐ反問しましたね。『荒天になったとき、材料費の保証はどうなります。佼成会で面倒見てくれと言われても困ります。その点プロのテキヤは荒天で商売にならなくても、自分たちで責任を持ってくれます』と。警察も『それはそうだな』と言ってました」

警察は確固とした確信なしにテキヤ排除を言い立て、神社仏閣に強制している。

警視庁にテキヤの排除をどう考えているのかと回答を求めても、担当の組織犯罪対策課は回答せず、わずかに広報課が通り一遍、紋切り型の回答をよこすだけである。

〈都条例第一七条は、祭礼等の主催者等に対し、暴力団員の関与の排除を求めているものであり、警視庁では、露天商が暴力団員であるか否かの判断や暴力団員である露天商への対処方法に関して祭礼等の主催者から相談を受けた場合に、情報提供、指導、助言等の各種支援を行っております。

（浅草の）三社祭においては、主催者、地域住民等により暴力団排除に関する一定の努力がなされたものと認識しており、警視庁では、暴力団排除の重要性について更に理解を深めていただくよう、引き続き働きかけを行う考えです〉

何かを伝えたいのではなく、何ごとも伝えたくないためのコメントというべきだろう。

その浅草ではテキヤでさえなく、火消しで鳶《とび》の親方ともいうべき新門本家・笠間直明十代目をも暴力団扱いして、従来警察が依頼していた三社祭の警備さえ頼めない状態である。

三社祭は浅草寺隣の浅草神社の祭礼だが、浅草寺は三社祭を猥雑《わいざつ》として、その中止さえ願っていると町から総スカンを食っている。それを警察は「暴排への一定の努力がなされたものと認識」と言うのだから、語るに落ちる。近い将来、「テキヤ殺して、お祭り死す」が日本の現実になりそうだ。

第五章　組員の行く末

毟れるだけ毟れ

暴力団の組員が組事務所に毎月納める月会費さえ出せないようなら、ヤクザをやめる、つまり所属する組から離脱しなければならなくなる。

口では理の当然のようにこう言えるのだが、月会費も払えないほどカネ詰まりなら、当然その前に、周り中の人に金銭的な迷惑をかけているはず。親分や兄貴分、弟分、子分、親しい事業家、妻や情婦、堅気の友だち……、ありとあらゆるところから借金をしまくり、最後に組にもいられなくなって離脱という運びになる。よって貸したカネを返せ、返せないというトラブルはもちろん、指の二〜三本を飛ばしても済まないような騒ぎの果てに組をやめることになる。

だから組をやめた者はたいていヤクザをやっていたその土地に住み続けることができない。別に「所払い」という処分がなくても、住み慣れた土地を捨て、見知らぬ土地に流れていく。

ごく稀にまとまったカネを持ち、きちんとした事業を持っている者が組を離脱したいと申し出る場合がある。このような者であっても、やめるとき大騒ぎになるのは同じである。残っている幹部がやめさせまいとして無理難題を吹っかけるからだ。
「あんたはわしらが汗水垂らしてつくった高速道路をぶっ飛ばして、たいそうなカネを摑んだわけや。だったら、そのカネを置いていかんかい。指みたいなもの、いくらもらったってカネにならんのや。この指を死に指（ムダな指詰め）にしとうなかったら、カネを添えることや。ええからカネを持ってこい。持ってきたら、あんたがやめるいう話、聞かんでもないわ」

組で上に立つ者たちが突然、追い剝ぎに変貌する。ことによると、組をやめても、ヤクザでなくなっても、飯を食っていける者に対する嫉妬や羨望もあるのだろう。何よりその者は今まで組の経費の不足分を賄ってくれていたから、そういう人材を失くしたくない。彼がやめたら彼が出していた分を誰が肩代わりするというのか。誰もいない。とすれば、どうせやめていく人間だ、カネを毟《むし》れるだけ毟れ、となる。

他方、やめたいと申し出た人間にすれば、「わしは盃をもらった親分から組をやめることについて諒解をもらっている。何で盃ももらっていない上部組織のあんたらから諒解を得なぁならんのや」という反発があるから、きっちり話し合いがつくまで一年、二年という長丁場になることも珍しくない。

悠々自適な老後も

しかし、大半は前記したように、カネでにっちもさっちも行かず、組をやめていく者が多い。組をやめてどこかに働き口があるかといえば、あるわけがない。

筆者が以前、取材したことがある山口組の直系組長の一人は今、ヤクザ（山口組）を引退、自分の組を解散させたが、この元直系組長は組の活動基盤だった土地を離れず、一時期、生活保護をもらっていたという。事実とすれば、どこでどう手を回したのか、よほどのコネでもあったのだろう。

彼の姿は現在、ある公園で目にすることができる。日がな一日、公園に座り込み、相手が来れば一局三〇〇円とか五〇〇円とかいうカネを賭けて、将棋を指す。まだ生活保護を受けているのか、それとも誰か生活の面倒を見る者がいるのか、ハッキリしないが、まがりなりにも穏やかな老後を楽しんでいるともいえる。

実際、山口組の直系組長とはいってもピンからキリまで。キリの方になると末端組員と変わらない老後を送る者もいる。

山口組本家が一次団体であり、直系組長が二次団体を率いている。山口組はピラミッド型に積み重なって、下は五次団体まである。その第何次団体だろうと、組に残ることが難しくなっている。

代紋はビジネスの邪魔

住む土地で建築屋をやっているAは兄貴分の組長（三次団体）から、

「俺には組を続けていくだけの器量がないと分かった。歳も歳だ。この際、ヤクザから足を洗うことにする。代わりにあんたが組長を引き受けてくれんか」

と言われ、さんざん断ったが、最終的には引き受けさせられた。

しかし、組長になったとたん、建築屋の仕事がぱったり止まった。兄貴分からは、「俺にやってくれていたことを組長になっても、続けてくれるだけでええんやから」と口説かれたのだが、兄貴分にしてやれていたカネの面倒が今は組に対してできない。

「正直言って、組の代紋（マーク）は商売の邪魔になるんや」と、この新組長は嘆くが、最初から分かりきったことではあったのだ。暴排条例で自治体も民間もハッキリ暴力団系の企業と分かれば入札に参加させないし、仕事の発注もしない。新組長は現在入院しているが、生活保護を受ける日は案外近いかもしれない。

二億四〇〇〇万の受給

生活保護の不正受給を防ぐため神奈川県警や県などの対策連絡会が二〇一三年七月、暴力団員からの生活保護の申請を却下できる明確な基準を設けるよう、厚生労働省に要望書を出した。

厚労省はすでに〇六年三月、都道府県や指定都市の民生主管部に「暴力団員に対する生活保護の申請について」という通知を出している。

それによると組員は基本的に保護の要件を満たさないから申請は却下する。但し放置すれば生存が危ういなど、急迫した状況にある場合は除く、としている。

神奈川県警はこれ以上に明確な基準を設けよというわけだが、ホンネは厚労省に「暴力団が死のうと生きようと関係ない。全面排除だ」と決めさせたいのかもしれない。現役の組員が生活保護を申請して門前払いを食わされても、あまり同情の余地がないことは確かなのだが。

問題は暴力団をやめた元組員たちからの申請である。各地の暴力団排除条例や銀行などの暴排条項では、暴力団から離脱して五年間は現役暴力団に準ずる扱いをするから、やめて五年間は生活保護を申請しにくい。

が、元組員の生活保護については一般人が目を剝くような事例も見られる。中でも最大の事件は北海道滝川市のケースだろう。事件の概要はこうである。

○六年三月、元組員である男が妻とともに札幌市から滝川市に転入した。市は夫婦が札幌で生活保護を受けていたことから、生活保護費や介護タクシー代の支給を開始した。元組員は約八五キロ離れた札幌市の北海道大学病院への通院が必要だとして「医療扶助通院移送費」としてタクシー代を要求、市は認めた。

ベッド付きの介護タクシーで往復二〇万〜二五万円かかる。○六年度だけでも元組員の通院日数は二九一日、妻の通院日数は八四日に及び、その都度タクシー代が必要とされた。

同年九月、市の監査委員が市長に「支給額がおかしい」と指摘したが、市は支給を続けた。○七年北海道警察が元組員夫婦らを詐欺容疑で逮捕した（元組員はその後、詐欺罪などで懲役一三年が確定、妻は懲役八年が確定）が、その間、市は漫然と計二億四〇〇〇万円を支出し続けていた。

おそらく支給窓口の係も、その係から相談を受けた上司も、クレーマーとして知られた元組員を恐れ、事なかれ主義で元組員の言い分をそのまま通したのか。生活保護の原資が国民の税金であるという認識があまりにも薄く、他人事だったのだろう。

〇八年四月、市長は年内の自分の給与と賞与を五割カットし、当時の保健福祉部長を停職二ヵ月にするなどの処分を行った。しかし、市民はその程度の処分では怒りが治まらない。同年七月、損害分を市の幹部五人が賠償するよう求める裁判を起こした。

一三年三月、札幌地裁でこの裁判の判決が出、当時の福祉事務所長と福祉課長の二人に「重大な過失があった」として計九七八五万円の賠償を求めるよう市に命じた。原告の住民側、市側ともこの判決を不服として、同年四月、札幌高裁に控訴している。

社会の浄化につながらない

ふつう生活保護の窓口は滝川市ほど軟弱ではない。むしろ強硬に門前払いすることで、市民の批判を買っているほどである。

現在、窓口では、組から離脱したことの証明として組から出された絶縁状、破門状の類を提出せよ、二度と暴力団に戻らないと誓う誓約書を書けなどと要求しているようだが、誓約書は別にして、無理な要求である。絶縁状や破門状、除籍通知は他の暴力団に「この者をお宅の組で拾わないように」という趣旨で送られるものであり、本人には送られないからだ。

それを出せと言われても出せるはずがない。結果として受給の申請を見送れば、元組員は以後五年間、カスミを食って生きていくしかない。

堅気の人間でさえ再就職が難しい時代に、元組員にまともな仕事などあるわけがない。結果、元の暴力団には戻らないまでも、犯罪グループに近づき、犯罪収益のおこぼれを頂戴するしかないだろう。

つまり現状のシステムでは、暴力団をやめさせても社会の浄化につながらないのだ。原発の汚染水をタンクに入れようと、隔壁で囲もうと、結局は処理されることなく、海にタレ流され、海を高レベル放射能で汚染するのと同じである。

就労斡旋はほぼゼロ

警察が暴力団排除を声高に言うなら、暴力団をやめた後、元組員たちが自活できるよう受け皿を用意すべきだろう。江戸の町奴だった幡随院《ばんずいいん》長兵衛《ちょうべえ》さえ、口入れ屋として若い者たちに働き先を斡旋した。

警察庁によると、一二年、警察と暴追センターの援助などで暴力団から離脱できた組員は六〇〇人、そのうち暴追センターなどが面倒を見て就職できた元組員はわずか五人だけという。暴力団から足を洗ってもわずか〇・八％しか正業に就けないのだ。

暴対法では「社会復帰アドバイザー」制度を設けている。アドバイザーは暴力団から離脱した者を社会の一員として定着させるため、暴力団との離脱交渉の仲介、矯正施設や保護施設との連携を図る。元警官などを都道府県警察が社会復帰アドバイザーとして採用し、警察や暴追センター、矯正施設、受け入れ事業所などと連携して離脱希望者を指導し、助言などに当たる役だが、効果的に機能しているとはとうていいえない。単に元警察官のためのよき再就職先という実態がある。

「平成二四年の暴力団情勢」によれば、新たに「高知県暴力団離脱・社会復帰対策協議会」が設立され、関係機関との連携強化を図ったとしているが、これまた就労斡旋はゼロだったにちがいない。

民間でも元組員の再就職支援組織があるはずだが、あまり見当たらない。公益社団法人「日本駆け込み寺」（玄秀盛代表）も「刑務所出所後の受け入れ先など」の斡旋はしていても、ヤクザと性犯罪者の引き取りはしていないようだ。

姫路のNPOの奇跡

兵庫県姫路市にNPO「五仁會」がある。○五年に山口組系の組から破門状を出された竹垣悟氏が堅気になって出直し、設立した組織で、「暴力団員と犯罪者の自立更生支援」などを事業目的に掲げている。

竹垣氏は言う。

「うちの組におった子（若い衆）はみんな仕事をしてますわ。職種はラーメン屋、運送屋、建築屋、トラックの運転手ぐらいやね。わしが養子にした子（当時四四歳、元若い衆）は堅気の兄貴の会社（産廃処理）に入れたんやけど、どういうわけか銀行のローンも通って、こないだ家を建てよった。この子は会社の何かのパーティーでマイク持たされ、『何かしゃべれ』と言われた。そしたら『わしのような者でもこの会社に勤めさせていただき、家を建てられた。ありがたいことです』と挨拶して拍手を浴びておったわ」

いくつかの幸運が重なった、きわめて稀なケースのはずである。ふつうはこうはいかない。

たいていの元組員は組を離れた後、地元での貸借関係をきれいに清算しているわけではないから、地元にいられず、他所に流れる。そのため元組員がその後どう生活を立てていくのか、追跡はきわめて難しい。

他所の土地に移ったからといって生活保護が受けやすくなるわけではない。本来、生活保護法はその第二条に「すべて国民は、この法律の定める要件を満たす限り、この法律による保護を、無差別平等に受けることができる」とあるから、元組員であっても、就労しようと努力しても就労できなかったのなら、十分受給資格を持つことになるのだが。

刑務所はセーフティネット

元組員が就労できない、生活保護も受給できないとなったら、自分と同じような立場の人間と組んで犯罪に手を染めがちになる。やる悪事としては準備なしに始められる窃盗や強盗、詐欺などになるだろう。

これまで何回か引用したが、山口組の司忍組長は産経新聞のインタビューの中でこう語っている。

〈山口組を今、解散すれば、うんと治安は悪くなるだろう。なぜかというと、一握りの幹部はある程度蓄えもあるし、生活を案じなくてもいいだろうが、3万、4万人といわれている組員、さらに50万人から60万人になるその家族や親戚はどうなるのか目に見えている。若い者は路頭に迷い、結局は他の組に身を寄せるか、ギャングになるしかない。それでは解散する意味がない。ちりやほこりは風が吹けば隅に集まるのと一緒で、必ずどんな世界でも落伍者というと語弊があるが、落ちこぼれ、世間になじめない人間もいる。われわれの組織はそういう人のよりどころになっている。しかし、うちの枠を外れると規律がなく、処罰もされないから自由にやる。そうしたら何をするかというと、すぐに金になることに走る。強盗や窃盗という粗悪犯が増える〉

司組長は山口組が解散すればという仮定の話をしているが、現実はさらに先を行っている。山口組など大組織の解散がなくとも、その現役組員が、あるいはそこから落ちこぼれた組員が、粗暴な犯罪に手を染めている。

犯罪に活路を見出せない者は刑務所をセーフティネットにすることを考える。元組員はたいてい前科があるし、過去に執行猶予つきの判決をもらっている可能性がある。そのため無銭飲食のような微罪でも、有罪を宣せられ、二〜三年服役する事態があり得る。そこを狙って微罪を犯し、二〜三年刑務所の中で緊急避難しようという考えが案外、現実性を持っているのだ。

刑務所の中ではとりあえず衣食住が保証される。職さえ所内の工場で入手できる。自由を縛られることが嫌でないなら、刑務所はなるほど元組員たちのセーフティネットなのだ。

服役者一人にかかる年間費用は八〇万円、職員の人件費や施設費を含めると、二五〇万〜三〇〇万円になるといわれている。生活保護の支給額は高齢者単身でアパートや貸家暮らしの場合、月に約一〇万円、年間一二〇万円程度だから、元組員に生活保護費を支給するより、服役させる方が高くつく。

生活保護は「最後のセーフティネット」といわれるが、元組員にとってはその奥に「最後の最後のセーフティネット」、つまり刑務所が存在するわけだ。しかし刑務所でしばらくの間、緊急避難しても、時代がよくなる保証はない。ますます元組員にとって暮らしにくい世の中になっている可能性の方が高い。となれば、また刑務所に舞い戻り、最後は刑務所の中で息を引き取る事態もあり得る。これを悲惨と受け取るか、孤独死するよりいいと受け取るか、人さまざまだろうが、どちらにしろヤクザの行く末は限りなく暗い。

第六章　暴力団の適正規模

約一五〇人までが適正か

「組織一五〇人の原則」というのがある。イギリスの人類学者ロビン・ダンバーが唱えた説で、人間は平均約一五〇人が「それぞれと安定した関係を維持できる個体数の認知的上限だ」としている。

軍隊でも機能的な戦闘部隊の構成員は実質二〇〇人を超えることはないらしい。「中隊」の員数がちょうど平均一五〇人である。中隊より下位の部隊が小隊で、ふつうは二〜四個の分隊で編成される。小隊の兵員は三〇〜五〇人程度という。

なぜわざわざこのようなことを言うかといえば、暴力団にも適正規模があるのではないか、と考えるからだ。暴力団には戦闘集団としての性格がある。同じ組の組員同士が命を預け合い、敵対する組の組員を集団的に襲撃する。平時の経済的なシノギ活動でも、ときには仲間同士が連係して力を合わせ、相手側を攻略する。

山口組などの広域団体では、最上階に親分—子分関係より成る「本家」があり、以後、下へ下へと、やはり親分—子分関係より成る「組」を加えていく。つまり本家の子分の一人が自分の組（二次団体）で子分を持ち、そこの子分がまた自分の組（三次団体）で子分を持ち……という具合に五次団体までピラミッドを積み重ねている。

警察庁の発表では山口組は一都一道二府四一県に約一万三一〇〇人の構成員（他に準構成員が一万四六〇〇人）を抱えているという。一～五次団体まである山口組では、その組が第何次団体だろうと、小さな組では五～一〇人ぐらい（極端な例だと親分一人だけという組もあるのだが）、二次団体に限るが、大きくなると二〇〇〇～三〇〇〇人という組も存在する（弘道会や山健組）。二次団体の平均、つまり一人の直系組長（二次団体）が平均何人の組員を擁しているかとなると、約一七五人になる。

山口組傘下の組の中には組員一〇人程度の分隊クラスもあるし、五〇人規模の小隊や、一五〇人規模の中隊クラスも存在する。が、それが集まると合計一万三〇〇〇人（準構成員を含めれば二万七七〇〇人）を超える。

大量集結は時代錯誤

警察の包囲下にある組織としてはあまりに人数が多すぎる気がする。的が大きすぎて、組対の刑事がどこを撃っても、的のどこかしらには当たるだろう。図体が大きすぎれば組内では連絡が密に取れないし、新しく難問が発生しても機敏に対処できない。

比較のため工藤會を例に取ろう。工藤會は三県に約五九〇人の構成員を擁する。もちろんその中核は福岡県北九州市にあり、全体ではおおよそ中隊四つの戦力を持つ。

組と組との抗争が実質的に不可能になった現在、大勢力を一点に移送・集中し、相手側を畏怖させる戦略は時代遅れになった。

一九八〇年、山口組の加茂田組が札幌に支部を開設するため、組員二〇〇人を空輸したが、地元暴力団の反対で事務所を開設できなかったことがある。動員された組員は目的を達成できないまま、すごすご引き返すほかなかったのだ。

すでに八〇年代に大量集結は時代錯誤になっていた。暴力団の抗争が数でやるのではなく、意気込みでやることには定説がある。工藤會の六〇〇人前後は実践的なメンバー数といえるかもしれない。

同會はきわめて実践的で勤勉な執行部を持っている。執行部のメンバーは会長代行、理事長、本部長、幹事長、組織委員長、懲罰委員長、風紀委員長、渉外委員長など一〇名から成る（現在は一人が服役中で不参加。一人が本家に詰め、実務に取り組む）。

執行部メンバーは全員が毎日午前中、北九州市小倉北区神岳一丁目の工藤會本部に詰め、お茶を飲みながら会議を行う。そのときどきさまざまな問題が持ち出されるが、それを雑談風な形でこね回して精査し、話し合って解決策や答えを出す。また来客に関する打ち合わせや、来客との面談が終わった後の反省会なども行う。会議が終わるのは昼から午後一時ごろの間という。

同會の木村博幹事長が説明する。

〈工藤會がここでこういうことができるのは、うちは広域性がないからです。メンバー全員が三〇分あれば、パッとここに集まれる。それにうちは協調と団結を重視してますから、毎日幹部が顔を合わせてコミュニケーションを取る趣旨もある。しかも会議に丸一日取るわけじゃないから負担にもならない。

テーマは組織の防衛とかですね。たとえばよその組の誰かが銀行口座を開いたら、『第三者の名を偽って口座をつくった。これは詐欺だ』と警察が難癖をつけて、その者をパクったなんてことは一人が聞きつけて皆に披露し、みんながその情報を共有する。それへの注意ポイントや対処策を出して、工藤會の全員に通達を出すわけです。最近、警察が駐車違反や方向指示器の出し遅れにイチャモンをつけるケースが多いとか、いろんな情報が執行部会で共有されていきます〉

執行部の任期は一年と決まっている。一年に一回、必ず執行部を解散し、ノホホンとしたメンバーは外し、真剣に取り組んでいる者には留任を認める。これにより欠員が出れば、新しく補充する。そのためメンバーはわずか一年で執行部を外されてはメンツが立たない、世間体も悪いと、必死になって會のため尽くすことになる。

上命下達の場にすぎず

対して山口組の執行部は髙山清司若頭の下、入江禎総本部長（宅見組、大阪）、橋本弘文統括委員長（極心連合会、大阪）、青山千尋（伊豆組組長、福岡）、井上邦雄（山健組組長、兵庫）、池田孝志（池田組組長、岡山）、藤井英治（國粋会会長、東京）、大原宏延（大原組組長、大阪生野）、江口健治（健心会会長、大阪浪速）、森尾卯太男（大同会会長、鳥取）、光安克明（光生会会長、福岡）の八若頭補佐——の一一人から成る。

彼らも平日は山口組本部に詰め、協議しているが、工藤會と比べれば明らかに働き方が違うように見受ける。

まず髙山若頭の権限があまりに強大であるため、若頭補佐クラスはそれぞれブロックを代表する者として、ブロックへの連絡役に貶められているといった感じがある。どれほど会議で自分の意見を言えているのか、はなはだ心もとない。司忍組長が服役していた期間（二〇〇五年〜一一年）、直系組長たちは髙山若頭の前では直立不動の姿勢で受け答えしなければならなかった。つまり執行部会も入江禎総本部長や橋下弘文統括委員長を除き、単に上命下《か》達《たつ》の場になっていることが疑われる。

また山口組の執行部にはハッキリした任期がない。あるとき登用され、何か不都合が生じれば外されるといったことを繰り返している。たとえば一三年五月まで正木組（福井県敦賀市）正木年男組長は筆頭の若頭補佐で、新設の本家室長を兼ねていたが、五月以降、若頭補佐と室長を外され、山口組では中二階的な意味合いがある舎弟に直った。この人事には具体的な説明がいっさいなく、単に発表があっただけである。

先進的ネット技術

工藤會はまたきわめて機能的な事務局を持っている。本部の近くに別棟の事務局室があり、そこで業務がこなされる。全組員への通達には携帯電話やスマートフォンのメールが使われる。事務局のパソコンを通して全組員に一斉送信されるのだ。

警察が事務局を家宅捜索するかもしれない。そのための防備として海外にサーバーを置き、一瞬で事務局内の全データを消すことができる。もちろん家宅捜索が終われば、これまた瞬時に海外のサーバーからデータを復旧できる。

同会のネット技術は非常に進んでいる。たとえば一時期、組名を出さずに「ぽりすニュース」というサイトを立てていた。警察庁以下全国四七都道府県警察の不祥事ニュースばかりを各地方紙などの記事を転載する形で掲載していた。アーカイブも備え、地域別、月別に過去のニュースも参照できるサイトだった。

このサイトは現在、閉じられている。おそらく警察から横槍が入ったのだろう。ちょっと煩雑になるが、背景事情を説明しておこう。

著作権法第一〇条の二項には「事実の伝達にすぎない雑報及び時事の報道は、前項第一号に掲げる著作物に該当しない」とあるから、多くの人が新聞記事には著作権がない、だから記事の転載や引用は自由と考えていた。が、文化庁の但し書き的な説明があり、それには次のように記されていた。

〈「事実の伝達にすぎない雑報及び時事の報道」とは、いわゆる人事往来、死亡記事、火事、交通事故に関する日々のニュース等単に事実を羅列したにすぎない記事など、著作物性を有しないものをいうのであって、一般報道記事や報道写真はこれに該当せず、著作物として保護されるべきものである〉

これにより「ぽりすニュース」は新聞社や通信社の著作権を侵している恐れがあるとの見解が出て、工藤會はこのサイトをクローズしたとされる。

警察への嫌がらせ

いずれにしろ工藤會の意図は警察への揶揄でなければ嫌がらせであり、始めから警察と正面対決する考えはなかった。

工藤會では会員（組員）が警察と接触するときには全て事前に届け出が必要とされる。車の免許証の更新、留置場に入る仲間の差し入れ、駐車違反で車が最寄り署に持って行かれた——など、全てを届け出させ、事務局などの判断で諾否を決める。警察とは徹底的に対峙していくというのが基本だが、ただし警察との窓口は一部残している。警察側にも工藤會側にも意思疎通のパイプが必要なときがあるといったことまでは否定していないのだ。

前出の木村博幹事長が言う。

「われわれは警察と四つに組んで勝てるとは思ってません。しかし警察が証拠もないのにわれわれを痛めつけてくるなら、抵抗します。警察の非を鳴らし、コケにします」

工藤會が警察を批判するための有力なツールがネットである。工藤會は他の暴力団にはあり得ないレベルでネットを使いこなしている。

たとえばユーチューブに「工藤會対福岡県警」という音声と画像が投稿されている。これは一二年四月、小倉南区の路上で福岡県警の元警部が何者かに銃撃され、四週間の重傷を負った事件（前出）にからみ、県警が証拠もないのに工藤會の犯行と断定したことに端を発している。

「みんな言ってる」

福岡県警によれば、元警部襲撃事件は「警察への挑戦」だから、「工藤會と全面対決」する理由になる。しかし残念ながら警察は工藤會の犯行の証拠を握っているわけではなかった。

県警はやみくもに市内で職務質問や検問を乱発し、市民を辟易とさせた。九州管区や中国管区の警察の応援も受け、犯人捜しに必死になったのだが、成果は上がらなかった。単にこれまでの行きがかりから工藤會がらみの事件と断定し、漫然と検問や職務質問を繰り返し、以下のようなやり取りをしただけである。

警官が組員の車を検問で停める。「車内を捜索していいか」
組員「任意の捜査か」
警官「任意だ」
組員「任意では協力できない。どうしても捜索したいんなら、捜索令状を持って来ることや」

警官は組員の捜索拒否で、車内に拳銃でも隠しているのかと勘ぐり、「拳銃を持っていないなら、警察が車の中を捜索するのに、どこに不都合がある？」

「令状がないなら、捜索する権利はない」

「元警部を撃ったのは工藤會だ。だから捜索したいといって何が悪い」

「犯人が工藤會と分かっているなら、さっさと逮捕したらいい。工藤會が犯人って誰が言ってるんだ」

「マスコミだろうと何だろうとみんな言ってる。皆さん、これが工藤會の車です。警察の捜索を拒否し、渋滞を引き起こし、後続の車に迷惑を掛けています」

警官はマイクで周りの市民にがなり立てる。組員は警官にICレコーダーを突き付けて録音し、音声や画像をユーチューブに投稿した。これが「工藤會対福岡県警」の内容である。警察官の「マスコミだろうと何だろうと（工藤會が犯人だと）みんな言ってる」というセリフは本末転倒していて笑える。工藤會の狙いもそこにあるのだろう。

お茶目な暴力団

一二年八月、中東のテレビ局アルジャジーラが工藤會を取材、撮影した番組（英語版）を放映し、同時にその番組をユーチューブにアップしたことがある。工藤會はその番組をダウンロードして、わざわざ日本語の字幕をつけた上、ユーチューブに再アップロードして、日本人の便に供した。

他の暴力団ではまずここまではやらないし、やれないだろう。工藤會は福岡県警により兇悪イメージだけを増幅して伝えられているが、やっていることは案外スマートというか、お茶目である。

山口組では八月を除いて月一回、約七五人の直系組長全員を神戸市灘区の総本部に集め、総会（月定例会）を開いている。これは工藤會も同様で、月一回、本部で総会を開いているが、但し六〇〇人弱の組員全員を集めるところが違う。

山口組本部での月総会はほとんど直系組長たちの顔見せだけで終わり、毎回、実質的にかかる時間は一五分前後に過ぎない。わずか一五分前後のために全国から直系組長たちが参集する必要があるのかと思うが、短時間で済ますのは月総会では、具体的な通達事項などを発表しないからだ。外部への情報漏洩を恐れ、通達事項は総会の前後に各直系組にファックス送信か、直接電話で音声伝達されることが多い。

月総会の翌日にブロック会議が開かれる。山口組は全国を地域分けしてブロック制を敷いている。つまり、

関東・北海道ブロック（ブロック長は藤井英治・國粋会会長）
中京・北陸ブロック（同、正木年男・正木組組長）
大阪北ブロック（同、寺岡修・俠友会会長）

大阪南ブロック（同、橋本弘文・極心連合会会長）
阪神ブロック（同、井上邦雄・山健組組長）
中国・四国ブロック（同、池田孝志・池田組組長）
九州ブロック（同、青山千尋・伊豆組組長）

——の七ブロックである。

どんぶり勘定の山口組

このブロック会議で、執行部会での決定事項が直系組長たちに伝えられる。

ブロック制は組長に課せられる責任を分散する意味から五代目・渡辺芳則組長の時代に始まったが、果たしてブロック会議というワンクッションを挟むことで、たとえば組長の使用者責任などを免れたケースは過去にない。案外、通達の周知徹底を遅らせることだけに働いている可能性もあろう。

山口組の直系組長たちは月々無役の直系若衆で八〇万円、若頭補佐などの役付で月一〇〇万円を本部に納入している。この他に月の積立金が三〇万円、共済組合風にペットボトル入りの水など雑貨の半強制的な買い入れが月五〇万円程度ある。そのため直系組長になると、月二〇〇万円前後の出費は最低でも覚悟しなければならないといわれている。

また執行部の者が東京などに用があり、その後、一杯飲むような場合、その土地に事務所を置く山口組系の組が経費面の面倒を見る習慣がある。つまり車での送り迎え、警護、宿泊する場の確保（ホテル側が暴力団の宿泊を嫌う）、会食や高級クラブでの支払いなどはその幹部が持つ東京の組織か、地元の組織が協力して負担することになる。

今では難しくなったが、仮に若頭補佐の一人が地方に行ったついでにゴルフでもやりたいと言い出した場合でも、地元の組織が面倒を見ることは一緒である。

ひきくらべ工藤會の場合、同じように月会費制度が存在するが、山口組に比べれば、かなり低額らしい。また工藤會の執行部が外部の客を接待する場合、掛かったいっさいの費用は本部会計からの支払いとなり、幹部個人がその費用をかぶることはない。店から領収書をもらうなりして、きっちり精算する。おそらく山口組にはこうした会計基準は存在しないだろう。出の分も入りの分もどんぶり勘定で、いい加減と推測される。

憲法のメルトダウン

ハッキリいえば、工藤會は中堅企業のようにしっかりした会計基準や組織原則を持っている。これに対して山口組はよくいえば鷹揚、悪くいえば前時代的などんぶり勘定で組の運営がなされているということだろう。その優劣は判断しにくいが、少なくとも現代社会に適っているのは工藤會方式だろう。

工藤會が特に親しくしている団体は地元の親睦機関である四社会と、東京の住吉会になる。

工藤會は四社会の一員である。四社会は工藤會（本部は福岡県北九州市）、道仁会（同、久留米市）、太州会（同、田川市）、熊本会（同、熊本県）より成る。

「四社会は毎月一回会合をもって他団体とのトラブルがないように、互いに協力し合っていく。もしトラブルが発生したときにはどうしようとか、ここでは具体的なことは言えませんけど、そういったことの話し合いをします。工藤會も四社会の一員であって、親戚団体以上に四社会を大事にしていこうと、やってます。

テーマはトラブルの防止策とか、組織防衛。暴排条例とか改正暴対法などの勉強会とか、そういうことをやって団結し、それぞれ組織発展していくというのが目的です。各団体ともそこそこ地域、地域で独占しています。田川、飯塚地区は太州会一本、北九州と遠賀郡の一帯は工藤會。道仁会は久留米を独占してます。福岡市地区にはうちも入っとるし、道仁会も入っとる」（木村幹事長）

暴対法や暴排条例、警察関係などの対策では、工藤會が実質的に四社会のリーダー役と見られる。一二年三月には、親密な関係を持つ弁護士の団体を立てた上、中央の言論人をパネラーに招いて小倉で暴排条例反対の集会「憲法のメルトダウン」を開いている。

外部言論人との共闘が有効か否か瀬踏みしたのだろうが、その後、他団体が他地域で同じような集会を持ったとは聞かない。おそらく目に見えた成果を挙げなかったのだろうが、とはいえ、この集会に見るように工藤會が新しい試みに先鞭《せんべん》をつけたことは間違いない。

行き過ぎ捜査を牽制

筆者の手元にＡ４判１ページ、横書きの〈「三社会」による警察対策〉という資料がある。三社会とは前記の四社会から熊本会だけを除いた連絡組織であり、タイトルの後にこう記されている。

〈［三社会（工藤會、太州会、道仁会）の協議事項］……平成一〇年（九八年）一二月

1　警察官から職務質問を受けたら、氏名等一切語らずに黙秘せよ。もし警察官と話しているところを他の者に見られたら破門とする。

2　交通事故あるいは駐車違反等でレッカー移動され、警察に出頭する場合は、本部執行部に連絡し、指示を受けること。

3　捜索（ガサ）を受けた場合、ガサ状の写しを取り、本部執行部に連絡せよ。また捜査員と話をすることなく、筆談で対処せよ。

4　警察から覚せい剤で採尿される際は、自分から尿を出すことなく強制採尿されるまで粘ること。

5　組事務所に警察官を立ち入らせたり、話をしないこと。

6　ポリグラフ検査には応じるな。

7　逮捕されて取調べを受ける際は、自分の（各自の？）意思にまかせるものの、できるものなら自供しないこと。また供述内容の中で、他の組織の者の氏名を絶対に明かさないこと。特に、共犯事件や覚せい剤等による譲り受け等の事実については、絶対に供

述してはならない。
8　参考人として供述する場合は、本部執行部に連絡すること。
［捜索に対する牽制活動］
平成一〇年（九八年）四月一日、〇〇組事務所捜索時における呈示文書〉

として、文書を写した写真をプリントアウトしている。察するところ、警察が組事務所に家宅捜索を掛けたところ、組員が無言でこの文書を警察官に示して、捜索を牽制したものと見られる。

写真版にはこう記されている。

〈「家宅捜索責任者の方へ」
行き過ぎの捜査や、令状記載以外の押収物があった場合は、後日、正式に裁判を致しますので、このことを踏まえた上で行き過ぎの捜査の無き様、心得て下さい。
〇〇一家　執行部〉

ここに見る通り、工藤會執行部の傘下組織に対する指示や友好団体へのアドバイスは徹底している。警察に対する方策としてはきわめて実践的であり、他団体がこれを参考にしても十分役立つにちがいない。事実、工藤會は四社会加盟の同業団体に自分たちの経験を話し、アドバイスもしているらしい。

メディア露出の中止騒動

他方、山口組は全国のおおよその団体と親戚関係にあるか、後見する関係にある。稲川会・清田次郎会長、親戚縁組している松葉会・荻野義朗会長、司組長が後見する東亜会・金海芳雄会長、双愛会・塩島正則会長。

髙山若頭が後見する会津小鉄会・馬場美次会長、酒梅組・南喜雅組長、合田一家・末広誠総長、浅野組・森田文靖組長、福博会・長岡寅夫会長、俠道会・池澤望会長、親和会・吉良博文会長、共政会・守屋輯会長

——の一二団体と友好関係にある。

これら団体幹部は山口組に年末の挨拶を行い、新年会に招かれ、また互いの誕生会に相互訪問している。各団体の若頭は横断的に「若頭会」を組織し、山口組本部で勉強会などを開

いている。テーマとしては「暴排条例にどう対応するか」などで、山口組に近い弁護士などが法的に解説したりしている。

が、目に見えた成果が挙がっているとは聞かない。

一三年三月、ジャーナリストの田原総一朗氏は山口組総本部で直系組長らと向き合って「取材を兼ねた討論会」を開こうと計画したが、警察やメディアの反発が激しく、結局は中止に追い込まれた。おそらく田原氏に親しい者が田原氏に企画を持ち掛けた上、高山清司若頭に提案し、高山若頭と田原氏の予備会談が東京・麻布で成ったのだろうが、田原氏の周辺では、テレビ朝日「朝まで生テレビ！」が山口組の広報に利用されることを恐れ、田原氏を説得、田原氏は体調不良を理由にドタキャンすることになった。

「討論会」の企画から中止に至るまでのいきさつは企画にタッチした者の見通しの悪さを語っている。山口組側でタッチした者は高山若頭のほか、正木年男本家室長（前出）だったろうと筆者は推測している。正木室長はこの手の山口組広報活動にタッチすることが多かった。ことによると正木室長は「討論会」企画の失敗を問われて若頭補佐を解任され、舎弟に祭り上げられたのではないかとも疑える。

もっともこの「討論会」が実施されたところで、山口組を取り巻く外部環境が好転し、警察の山口組追及が緩むことにはならなかったろう。PR的な企画一本で社会的な目が甘くなるなどは考えられない。企画の成否にかかわりなく、山口組の田原氏にかける期待は過大で見当外れだったというべきだろう。

一一年、暴排条例の全都道府県施行により宅配便会社は「今後、貴団体の荷受けはしない」と各暴力団に通知した。これに対し山口組は以後、中元、歳暮を送ることを止める、暑中見舞いや年賀状を欠礼する、極力、郵便や宅配便を利用せず、組織間の連絡はファックスで行うといった対策を打ち出した。かなりの程度、消極的で迫力に欠け、果たして有効な策だったのか、大いに疑問がある（その後山口組は団体間の通知に関しファックスから郵便利用に舞い戻る）。

交際団体の多くは山口組に右へならえして、同じような方策を取ったようだが、こうした対策面で山口組が相応のリーダーシップを取ったかといえば、否定されよう。

ヤマト運輸の対応

工藤會の方はもう少し実践的に暴排条例に向き合った。同会の基本は暴力団にも人権がある、暴力団も一般人と同様、市民的権利を主張できるという考えだった。事実、暴力団対策法は暴力団を違法の存在としていない。暴力団だからといって解散すべきだとは一言も要求していない。ただ抗争や、あれこれの不当要求行為について中止命令を出す。

こういう考えの工藤會は暴排条例に対しても法的に争おうとした。具体的には訴訟を提起する構えを取った。おおよその経緯を記すと――、

福岡県では全国で一番早く一〇年四月に暴力団排除条例が施行された。一一年一〇月、全都道府県で暴排条例が施行されたのを受け、ヤマト運輸は工藤會に対し、次のような「通知書」を送った。要点だけを記す。

〈コンプライアンスを重視し、同条例の趣旨を貫徹するため、今後は、暴力団関係者との取引は行わない旨の基本方針を決定致しました。つきましては、本通知書到達以後、被通知人（工藤會）からの荷受けは致しかねますので、通知人の配達担当者やその他の従業員らに対し、荷受けの要請をすることはお控え下さい〉

これに対し、工藤會は一〇月一八日、次のような「回答書及び質問書」（要点）をヤマト運輸の代理人弁護士宛に内容証明郵便で送った。

〈1ご回答
本件通知は実質的には「荷受けの拒否」と理解致しますが、まずもって、本件通知には、了承できない旨、ご回答致します。
その理由は、本件通知が貨物自動車運送事業法第二五条（差別的取り扱いの禁止）に反するものであるからです。また被通知人（工藤會）が配送を依頼する荷物は、国土交通省により認可された通知会社（ヤマト運輸）の宅配便約款等所定の引受拒絶事項にも該当するものでもありません。
2ご質問
① 通知人の荷物には、贈答品ばかりではなく、食料品・雑貨等の生活必需品も含まれています。これらを前提としてもなお、被通知人の荷物の荷受けすべてが「暴力団の活動を助長し、又は暴力団の運営に資することとなる利益の供与」（福岡県暴排条例の第一五条三項）に当たるとお考えか否か。当たるとお考えであればその理由についてご教示ください。
② （工藤會代表）個人の荷受け要請に対しても荷受けできないのか否か。できない

とすれば、その理由はどのようなものか〉

工藤會は二週間という期限を切って回答を求めたのだが、ヤマト運輸の代理人弁護士からは期限内に回答がなかった。そのため工藤會は一一月二一日、代理人弁護士宛「通知書」を送った。

「ところが残念ながら貴職らからは何らのご回答も頂いておりません」というわけで、いよいよ訴訟の準備に入った。

しかし、その後、今に至るまで訴訟は提起されていない。工藤會の荷受けの窓口になっているのはヤマト運輸の支店そのものではなく、地元の代理店なのだが、代理店はこれまで通り工藤會の荷の宅配を受け付け、その荷は宛先にきちんと配達されているからだ。つまり工藤會はヤマト運輸の通知書にかかわらず、実質的に荷を差別されていず、不利益をこうむっていない。

それでも通知書が送られてきた以上、訴えることはできるだろうが、訴えれば地元企業である代理店をも裁判に巻き込んでしまう。工藤會としては地元企業をいじめる結果になるのはよしとしないというのだ。

暴力団の人権

しかし、とはいえ、工藤會が地元住民に恐れられている事実は否定できない。暴力団である以上、住民を恐怖させることでシノギにする構造を持つ。が、そういう工藤會も理想としては堅気に迷惑は掛けないことをうたっている。

工藤會の「家訓」にはこうある。

〈家訓
一、会員は平素より質実剛健を旨とし共に任俠の道を全うすべき事
一、会員は常に礼節を尊び相互間の和を旨とすべき事
一、会員は正当なる理由があっても絶対堅気の衆には迷惑を及ぼさざる事
一、会員はみだりに人を中傷若しくは批判致さざる事〉

こうした「家訓」からすれば、宅配便の代理店に迷惑を掛けたくないから、裁判で争わないという工藤會の弁明は理解できよう。

ここで注意すべきは、宅配便会社に訴訟する構えを見せたことで、工藤會が実際上、暴排条例のもたらす弊害から免れたことである。暴排条例を絶対視する者は、暴力団の横槍で暴排条例の空洞化が進められたと嘆くだろうが、別の意見もありえる。

つまり宅配便は現在、郵便と同様、社会的なインフラといっていい。現代社会を成り立たせている基底の仕組みである。暴対法が暴力団を違法の存在としていないのだから、暴力団の組員もまたふつうの日本国民に変わらず、「文化的で最低限の生活」を営む権利を持つ。とすれば、宅配便の利用から暴力団を排除する暴排条例の方がおかしい。条例は「法の下の平等」原則に反するという理屈が成り立つ。

工藤會が依拠するのは「暴力団も人権を持つ」という考えであり、山口組や関東の暴力団が持つ考えは「暴力団が何を言ってもムダ。ふだんやっていることがやっていることだから、多少は無理筋でも、お上には従う」ということだ。

どちらの考えが組織の消長にプラスに働くか、マイナスに働くかは分からない。おそらく両方の考えとも社会や警察は受け入れまい。しかし外部から見て、動きがあって面白いのは工藤會だ、となろう。そして山口組は大きすぎる、今後、生き残るためには不利だろうという感想を持つにちがいない。

山口組五代目の拡大路線

山口組の渡辺芳則・五代目組長はかつて私のインタビューに答え、こう語ったことがある。

「たとえば抗争や。先代（初代山健組組長・山本健一）の考えは抗争に行く者がおったらええ、と。俺の考えはちょっとちがいますねん。組に若い者が一〇人おったとして、一人懲役に行かすと。九人から毎月一万円ずつ（懲役に行った者に）やったとして、月九万円しかあらへん。百人おって一人懲役に行かすと。百人おったら、毎月一万円ずつ渡すところを千円にしてもそれ以上のカネになる（九万九千円になる）と。こういう考えを持ってるからね。経済的にも楽できる、組織力も温存できる、と。

懲役行かす奴は一人やったら、一人でええわけだ。その後を守って金銭的に応援してやるんでも、千人がおって千円つくるのと、百人おって千円つくるのと、どっちが先に倒れるか。やっぱり経済的に百人の方が先に倒れるわ。そやからその率からいうて、やっぱり組織力は大きなもの持たんとあかん。喧嘩やるためにはようけ（若い者は）必要ないんやけどね、あとの経済力は確固たるものをつくって、長い年月をおいていかないかんわけやから。

（懲役に行った組員が）出てくるまで支えねばあかんわけやからね」

渡辺前組長は組員が多ければ多いほど、他の組との競り合いに勝てるという巨大組織礼讃論を唱えた。彼自身が組織拡大を目指し、実践もしていた。

暴力団組織の「大」とは結局、構成員の多さを意味する。今なお山口組は日本最多の構成員を擁しているが、現在でも暴力団は巨大であることが組織的に有利なのか。それとも暴力団にも「適正規模」があるのか、規模について考えてみたい。

抗争は激減

最初に抗争の発生件数について触れれば、抗争は極度に減っている。警察庁は毎年『暴力団情勢』を発表しているが、一九九〇年から推移を見てみよう。

なお抗争の数え方は、たとえば道仁会と九州誠道会の抗争を例に取れば、この抗争が発生してから終結に至るまで何年かかろうとも「発生事件数」を一と数える。そして道仁会対九州誠道会の対立抗争が原因と見られる発砲や傷害など個々の事件を「発生回数」として数える。

年次	発生件数	発生回数	死者数
九〇年	二七	一四六	一六
九一年	一二	四七	五
九二年	一二	三九	五
九三年	一二	七七	四
九四年	一一	四四	四
九五年	四	二八	一
九六年	九	二九	二
九七年	六	五三	三
九八年	一一	四八	四
九九年	一一	四六	三
〇〇年	五	一八	一
〇一年	五	八一	四
〇二年	七	二八	二
〇三年	七	四四	七

〇四年	六	三一	四
〇五年	六	一八	二
〇六年	〇	一五	〇
〇七年	三	一八	八
〇八年	一	六	三
〇九年	一	四	二
一〇年	〇	〇	〇
一一年	〇	一三	五
一二年	一	一四	一

九一年には国会で暴力団対策法が成立している。この年を境に抗争の発生件数が半減以下になっていることが分かる。九五年には一ケタ台になり、一〇年からは発生件数がほぼゼロである。抗争が長らく続いた道仁会対九州誠道会抗争も一三年六月、道仁会が抗争終結を宣言し、九州誠道会が解散を宣し、実質的に終了した。

組長の使用者責任

近年、暴力団は抗争の数を減らしただけではない。抗争しなくなったのだ。なぜ抗争しなくなったかといえば、抗争することが自組織に不利だからである。抗争を続ければ、暴対法により組事務所の使用を禁止される危険がある。抗争で一般人や警察官を誤射し、殺傷すれば、民法や暴対法により組織のトップが「使用者責任」を問われ、被害者やその遺族に損害賠償しなければならなくなった。

九五年、京都で発生した抗争にからみ、山口組系組員が警戒中の警察官を誤射した損害賠償請求訴訟では、渡辺芳則組長の使用者責任が認められた。

この判決の骨子はこうである。

一、山口組は下部組織にも山口組の名称、代紋を使用させていた、二、上納金が渡辺組長に取り込まれる体制がとられていた、三、渡辺組長の意向が末端まで伝達される体制だった――などの理由で渡辺組長の使用者性を認め、「山口組の下部組織における対立抗争でその構成員がした殺傷行為は、山口組の威力を利用しての資金獲得活動にかかわる事業の執行と密接に関連する行為だから、山口組の下部構成員がした殺傷行為について、渡辺は民法七一五条一項の使用者責任を負う」

こうした論理で実行犯の組員二人と直属の山口組系組長、それに渡辺の四人は連帯して約八〇〇〇万円を警察官の遺族に払わなければならなくなった。が、実行犯の末端組員二人はもちろん、末端の組長もほとんど支払い能力がないから、八〇〇〇万円の支払いはほとんど渡辺組長が支払った、というより正確にいえば、山口組総本部が支払った。

この組長の使用者責任原則は〇八年改正暴対法にも取り入れられ、簡易な立証で組長に損害賠償責任を問えることになった。対象となるのは単に死傷事件ばかりではなく、系列組員が恐喝やみかじめ料の徴収などで他人の生命、身体、財産を侵害した場合、組織の代表者である組長に損害賠償責任を課せられることになったのだ。

暴力至上主義は風化

組織が大きいとは、それだけ多数の系列組織や系列組員を抱えることである。その組員が山口組の第何次団体に所属していようと、山口組の系列組員である以上は、山口組の組長が組員の犯した不当要求行為や死傷事件を容認し、統制しているとみなされ、損害賠償責任を負う。とすれば、組織が大きければ大きいほど、賠償責任を問われる機会が増えることを意味する。

もちろん組長の使用者責任はすべてカネで解決がつく。間違っても組長が懲役を科せられることはないのだが、実質的に賠償請求に応じる総本部としては、組員に事を起こされて、これ以上賠償請求されたくない。

こうした流れで暴対法の指定暴力団は、いずれも他団体と喧嘩や抗争を引き起こさないよう組員を指導することになった。よって現在の組員は「喧嘩もできずに何がヤクザだ」と自嘲する状態に追い込まれた。相手が暴力団ばかりでなく、半グレ集団や威勢がいいだけの堅気であっても、現実問題として喧嘩や抗争は不可能なのだ。

抗争できない時代に組織が巨大であることは意味があるとは思えない。

たとえばシノギが他団体とバッティングした場合、組織が大きければ自派からの応援を当てにでき、心強いかもしれない。但しこの場合の「応援」には暴力的な加勢は含まれない。力尽くで応援されては、かえって応援される方が迷惑である。しかも応援はタダではなく、応援してくれた者にも利益を分ける必要が生じる。同系組織から応援されるのは善し悪しである。

また組織が大きければ、その分、知名度が上がる。バッティングした相手はこちらの組織名を聞いただけで、引き下がるかもしれない。

事実、渡辺前組長はこうも語っていた。

「企業でも一緒ですやろ。企業でいえばカネやわな。カネの力があったら、三菱なら三菱、あそこは力があるから、少々のことでは勝たれへんぞと。あそことぶつかったんじゃ退かなしゃーないわというね、これはやっぱりカネの力ということや。

われわれの力はカネの力やなくて武力やわね。武力が背景になかったらね。誰でも平和を好むんやけど、その平和を絶えず保ってようと思ったら、たえずそれなりの力を持っとかんとね。

山口組の膨張いうのは止まらんね。なんで膨張したいうたら、なんでもない。ヤクザの社会いうのは喧嘩に勝ってたら、必ず膨張する。これはまちがいない」

こうした暴力至上主義がもはや時代遅れになったことは容易にお分かりいただけよう。今では組織が大きかろうと小さかろうと、シノギの面でバッティングしたなら、当事者同士が言葉や人数で牽制したり、脅迫したり、大物の名を出したり、弁護士を使ったり、ともかく暴力を使わないやり方で相手を攻め落とし、蹴散らすしかない。

つまり極端な例を出せば、山口組の有力直系組と工藤會がシノギの面でぶつかっても、両者は基本的に対等の関係にある。九〇年以前のように、山口組の有力組が有利ということはない。

第七章　狭まる棲息領域

警察が縄張りを奪う

二〇一二年暮れ、愛知県警を定年退職した組織犯罪対策課や生活安全課ＯＢたちの間で「用心棒協会」構想が浮上した。暴力団に代わって警察ＯＢが飲食店や風俗店の用心棒を買って出ようというわけだ。

名古屋の代表的な風飲街に錦三丁目があるが、警察ＯＢたちはたとえば「錦三《きんさん》浄化協会」といった名前で加盟店を募る。月々会費を納めて協会に加盟してくれるなら、店内で発生するケンカやもめ事を、体を張って押さえ込みますという触れ込みだった。文字通りの「グズリ押さえ」であり、現役時代に武術を習い、退職後はヒマを持て余す警察ＯＢにとっては協会が設立されれば、打ってつけの再就職先になったろう。

だが、情報は外部に流れ、最終的に警察庁が摑んだ。警察庁はあまりに時期尚早と判断したのだろう、浄化協会の発足はまかりならんと厳命し、用心棒協会の設立は現状、頓挫《とんざ》しているという。

しかし「暴力団の縄張りを警察が奪う」のは警察の本能といっていい。総会屋を駆逐《くちく》した上での企業の総会対策、暴力団の独占分野だったパチンコの景品買い取りから暴力団を締め出して設立した景品交換所、パチンコホール組合事務局の支配。すべてその類である。ガードマン会社や警備業も暴力団から用心棒業務を奪取したものといえよう。今回の「用心棒協会」構想はその飲食風俗店専用版と見ることが可能だ。今回は見送りでも、早晩、警察が暴力団に代わって、店からみかじめ料や用心棒代に代わる「月会費」を徴収するのは既定路線といっていい。

ＩＴシノギは半グレに

暴力団のシノギは本来、スキマ産業だった。一般の需要はあるのだが、業種と業種との間にあって、それまでサービスの供給がなされなかった分野を見つけ、合法、非合法を気にかけることなく、そのサービスを提供する。

たとえば競馬、競輪などのノミ行為である。馬券、車券を買いに行く時間がない人向けに電話で注文を受け、場合によっては正規より客に有利に払い戻してでも、公営賭博で賭けたい人の欲求を満たした。高校野球賭博、相撲賭博も同じだ。賭けたら面白いだろうと思われる分野に賭場を成立させた。

覚せい剤は戦後しばらくの間、ヒロポンとして普通の薬局で手に入った。一九五一年に覚せい剤取締法が成立して以降、暴力団が密造するか、密輸するかで現物を確保し、愛好者や依存症患者に密売し、彼らの需要を満たしてきた。

管理売春や芸能ビザによる外国人女性の日本入国、飲食風俗店での稼働、彼女らの売春などもスキマ産業的なシノギだった。

ヤミ金もスキマ的である。失業者やホステスなど、ふつうのサラ金からは借りられないが、どうしてもお金が必要な人向けに開発された商品であり、業態である。

暴力団が開発したこうした分野、業態はあらかたその後の立法措置で違法となり、警察の取り締まりで壊滅した。あるいは警備業など、その後登場した民間企業によって取って代わられた。

暴力団は戦後一貫して続く違法化措置や取り締まりに挫けず、次々新商法を考案し、新シノギとしてきたが、それもアナログ時代までだった。

デジタル時代に入ってインターネットや携帯電話、スマートフォンが普及するに伴い、新商法はIT技術の理解と知識なしには考案できず、事業展開も図れないことが明らかになった。早い話、競馬のノミ行為はJRA自体が展開するブラウザを使った「A－PAT」、「即PAT」が普及した以上、存続は難しい。

ＩＴ技術に基づく新シノギは暴力団より若く自由度が高い世代、つまり半グレが担うことになった。戦後、新シノギを繰り出し、生き抜いてきた暴力団も既成のシノギに防御措置を取られ、締め出され、警察に業を奪われ、しかも新シノギを展開できないとあっては退場するほかにない。

人命軽視の現場で

だが、ごくわずかだが、暴力団の既存の力を振るえる分野がまだ残されている。端的にいえば、人命を軽視する分野、アスベスト（石綿）の廃棄や原発事故後の対応の分野である。

人命の軽視は単に自分の命を鴻毛《こうもう》の軽ろきになすことだけを意味しない。その反面として他人の命をも軽視し、他人の生命、安全をたいしたことではないと、危険に追いやる考え方や習慣を含んでいる。

日本では一九六〇年代に建ったビルまで天井裏にアスベストを貼っていた。そのころの鉄骨建築では耐火や断熱、防音のための被覆材としてアスベストを大量に使ったが、アスベストは肺線維症、肺がん、悪性中皮腫の原因になるとされ、七五年に吹き付けアスベストが禁止された。

そのころ建築されたビルが今、建て替え時期を迎え、解体されていくわけだが、使用されていたアスベストがビルの解体に伴って飛散し、被害が拡大することが予想された。そのため解体する前にアスベストの引き剝がし作業が必要になる。

「暴力団系業者は中国人など外国人を使って引き剝がし作業をやっている。外国人にどこまでアスベストの危険性を教えているか、分かったものではない。

このアスベストの引き剝がし料は坪一万円が相場だが、暴力団系業者は坪三〇〇〇円くらいで楽に引き剝がす。引き剝がしたアスベストは本来セメントミルで混ぜて管理型の最終処分場に埋め立てなければならないのだが、暴力団系業者が正規の手続きで処分するのは三分の一ぐらいで、残りは丸めて山中に埋めてしまう。

だから暴力団系の解体業者は堅気の同業者に比べて競争力がある。料金も安くできるし、大きく儲けることもできる。アスベストの処分込みでだいたい坪三万〜四万円で解体を請け負ってしまう」（愛知の事業家）

防塵マスクもつけさせずにやるアスベストの引き剝がし作業は人命軽視と安全無視シノギの代表例といえよう。

被災地のヤミ金

そして、こうした作業を強行できる条件としてもう一つ、強制的な人集め力、危険作業への押しつけ力がある。

暴力団が持つ強制稼働能力は古くは炭坑の納屋制度、アンコと呼ばれた仲仕《なかし》を船荷の積み込みと積み卸しに動員した船内荷役業務、山奥の現場のタコ部屋などで培ったもののはずである。暴力を使って労務者を酷使し、逃亡を許さない、小バクチを催し、労務者を常に金欠状態に置く——といった伝統なしには成立しなかった業態のはずである。

一一年三月一一日、東北地方太平洋沖地震が起きた。これにより岩手、宮城、福島を中心に茨城、千葉にも及ぶ広大な地域に大災害がもたらされた。被災地にはがれき処理など膨大な復旧作業が残された。東京電力福島第一原発も水素爆発やメルトダウンで多量の放射性物質を拡散させた。

東日本大震災の被災者の中に暴力団の組員がいたとしても不思議ではない。もともと東北は博徒よりテキ屋が多い地域だが、山口組や稲川会、住吉会など広域団体の傘下組織がいくつもある。

一一年六月ごろ、知人の事業家から筆者に連絡があった。避難所に組員が紛れ込み、被災者相手のヤミ金でしこたま儲けているというのだ。

「被災者には支給が遅れているが義援金もあるし、弔慰金や、地域によっては原発の賠償金もある。いつか被災者に金が入ってくることは間違いないんだから、彼らに貸し込んでも、絶対、元利の取りっぱぐれがない。

これは貸す手だというので、各組がこぞって金貸しをやっている。一〇万円までの小口貸し付けで、トサン（一〇日で三割の利子）ぐらいが多い」（事業家）

避難所の近くにはパチンコホールも飲み屋もある。ヒマを持て余した被災者がこづかいを使う機会はいくらでもある。だから当座の間に合わせで、ヤミ金が暗躍するというのだ。

暴排は置き去りに

しかし被災者には自治体による貸し付け制度がある。一〇万円までなら無利子で借りられるが、宮城県など一部の自治体では一一年五月で打ち切った。一一年度の第一次補正予算に被災者向けの生活復興支援資金二五七億円が計上され、ダブルになるからだが、しかしこの資金の貸し付けは一一年七月下旬以降になった。

その間も金は必要とされるから、行政の遅れが暴力団や半グレ集団にシノギの機会を与えたわけだ。当時の総理「グズ菅」（菅直人元首相）の罪はこの辺りにも如実に現れた。

この事業家によれば、現場労働者の派遣業もほとんどゼネコンと組んだ暴力団系が牛耳ったという。

「私自身が地震から三日後（三月一四日）、東北のある市に電話を入れたら、担当者が『あんた、動きが遅いよ。もう業者は決まってるよ』というわけ。民主党じゃ地方はてんでばらばら、勝手に動いている。自民党時代のように、このボタンを押したらこうなるというシステムが完全に吹っ飛んでしまった。

非常時だからというので、早い者勝ちの随意契約がまかり通り、条例で決まった暴力団排除条項なんか置き去りにされた。だから不況で虫の息だった暴力団にとって今回の大震災は千載一遇のチャンス。絶対、息を吹き返す」

災害は被災者の限りない不幸の元だが、同時に一部の者にとって最大の利益機会になるという冷厳な事実がある。

被災地にはがれき処理や土地の除染など多くの仕事がある。これらは県主導の随意契約が多く、ゼネコンの下に五次ぐらいの階層を成して、下請け、孫請けなどが参入する。

こうした中には暴力団系の人材派遣業者も含まれているし、同様の建設業者や土建業者、解体業者、廃棄物の運搬業者などが混在している。

男伊達の見せどころ

暴力団による公的資金の詐取や融資も被災地は受けやすい。大震災後の混乱が事務を混乱させ、選別を難しくしているからだ。

なにしろがれきの処理量は岩手でふだんの年の一一年分、宮城で一九年分あるといわれ、いくら人手があっても足りない状態である。しかも処理経費は全額が国費負担だから、不払いになる心配はなく、暴力団系の業者であっても少しの仮装で参入できる。今なお緊急事態といえるから、チェックが甘くなるのは当然だろう。

一三年八月、二四兆ベクレルという放射性物質を含んだ東電福島第一原発の汚染水が漏れていたことが判明した。安倍晋三首相は同年九月、汚染水問題は東電任せにせず、今後は国が前面に出て必要な対策を実行していく、従来のような場当たり的な対応ではなく、抜本的な対策を講じると語った。

具体的には、原発施設への地下水流入を防ぐ遮水壁の建設と、汚染水から放射性物質を取り除く装置（ＡＬＰＳ）の改良を意味するようだが、取り除いた放射性汚泥を最終的に処理場に運び込む処理が実行されるなら、暴力団や元組員にとって単によきシノギになるばかりか、復活のチャンスもあるというべきだろう。

つまり国なり「廃炉化公団」なりが作業員を直接雇用するようなら、率先して組員なり元組員なりを雇用してもらう。彼らは「命知らず」を自任して世を渡ってきたのだから、この際も命知らずを強調して被曝を恐れず、性根を入れて作業に当たることを誓約する。公団とすれば当然、被曝量を調査し、健康に危険が生じたら解雇、または休職の手続きを取るだろうが、問題は暴力団側の意気込みと働きぶりである。

わが身を捨てて多くの人を危害から救う行為は彼らのナルシズムにも適うし、自己顕示欲も満たされよう。またそうでもしないと、元組員の雇用は世論の反対で実現しない。もちろん直接雇用だから、ピン撥《は》ねはなし。真水で一日一〇万円ぐらいの高給を支払う。しかし彼らの防護服は薄手でいい。その方が動きやすいし、放射線の危険をものともしない「男伊達」である。

幸い一三年四月、日立などがセシウムとストロンチウムを九九％以上同時に除去できる吸着剤を開発した。東芝が製造した六二核種を除去する「ＡＬＰＳ」はタンクの腐食トラブルで停止しているが、改良され、稼働される日も近いだろう。除染で使用済みの吸着剤などはどしどし頑丈な金属容器に入れ、元組員らの操縦になる重機でどしどし置き場（最終処分場）に運び込む――。

産廃処理の現場から

しかし、以上は単なる夢物語でしかない。暴力団の多くは老齢化してすでに現場に出るほどの体力がない。また彼らの労働忌避、労働蔑視は念が入っているから、原発事故処理で働こうという呼び掛けに、いったい何人が応えるか。彼らがせいぜいできるのはピン撥ねを前提とした労働手配師、現場監督、人夫出しという名の労働者派遣業ぐらいなものだろう。

もう一つ暴力団が競争力を持つ分野に産廃の運搬業がある。産廃処理はマニフェスト制を採用することで不法投棄が根絶されるはずだったが、実際に不法投棄は行われている。暴力団などの運搬業者は廃材などを中間処分場に持っていかず、山の中で不法投棄する。谷底に投げ捨てて、知らん顔をしている。

これにより中間処分場への搬入料をカットするから、暴力団系業者はまともな業者に比べて競争力を持てる。産廃処理を依頼する企業は処理業者が提示する値段を見れば、産廃がまともに処分されるか、不法投棄されるか、分かるはずだが、値段の安さに釣られて暴力団系企業に発注する現実がある。

東電のやっていることは不作為による汚染水の海中不法投棄である。タンクから漏れました、海中に流れ込みました、どうしようもなかったのです、という言い分だが、これを国が手掛ける汚染水処理でやるわけにいかないし、そこに雇用される組員や元組員がやるわけにもいかない。

しかし産廃業に見る通り、暴力団にはとりわけ強く、不法投棄→環境汚染→住民の健康被害といった流れを顧慮しない傾向がある。計画性がなく、後は野となれ山となれという生活態度は、ほとんど暴力団の第二の天性になっている。公共的な快適さを保つためには費用がかかるわけだが、暴力団はその部分を食うことで彼らのシノギとしているともいえよう。

覚せい剤に頼る

また覚せい剤の密輸、所持、使用、密売は重罪だが、重罪を科される危険が大きいにもかかわらず、依然として覚せい剤分野は暴力団が競争力を持つ分野である。半グレもドラッグを扱うし、日本に入国する旅行者も大麻などを持ち込む。中国人などが貨物船などを利用して大量に覚せい剤を密輸する。一時はイラン人が専門的に密売を手掛けていた。持ち込みのルートは多様であり、競争は激しいはずだが、供給過剰で覚せい剤が値下がりしたという話は聞かない。

おそらく絶対的に供給量が不足していること、並びに末端のバイ人のコントロールを暴力団が一手に引き受けていることの二つによるのだろう。暴力団は傘下の組員が覚せい剤を扱うこと、摂取することを表向き厳格に禁じているが、他のシノギが好転しない以上、背に腹は替えられない。ほとんどの指定暴力団が扱っていると見て間違いない。

覚せい剤がなぜ長期間、暴力団のシノギであり続けているかといえば、暴力団組員が重罰に、つまり長期の服役に耐性があるからとしかいいようがない。覚せい剤を扱う組員は自らも使い、刑務所とシャバの間を行ったり来たりすることに耐えられると見られる。

そういう人材を擁していることで覚せい剤は不況の時代にも頼りにできる暴力団のシノギであり続けているのだ。いわば服役という犠牲を払い続けて勝ち取った競争力である。

暴力団が優位に立てるシノギをごくわずか保持しながらも、その棲息領域が急速に狭められていることは間違いない。警察でさえ暴力団は不要と明言しているのだから、ほぼその命数は尽きたと見なくてはなるまい。

第八章　万人が万人の狼に

カネに対する潔癖症の欠如

日本にはまだ暴走族が少数ながら存在する。警察庁の調べによると、一二年末現在、総数七二九七人、うち少年が三九一八人、成人が三三三一人という(他に年齢不明四八人)。グループ数は三五一団体、グループに加入している者が二三三四人。一〇年前の〇三年には暴走族総数が二万一一八四人、グループ数が一二五一団体あったというから、完全に盛期を過ぎていることが分かる。

こういう暴走族は成人した後、半グレになる可能性が高いのか。必ずしもそうとはいえないし、「暴走族出身者」だけが半グレになるわけではない。半グレというと、関東連合や怒羅権など暴走族出身者グループだけに注意が向きがちだが、そうではなく、オーバーにいえば、暴力団に籍を置かない若い世代全て、つまり堅気の人間全てが半グレになり得る状況がある。

少年時代に補導されたとか、少年院に入ったとか、少年刑務所に入ったとか、そういうことはいっさい関係ない。半グレになる、ならないは前科前歴ではなく、その人の持つ倫理観なのだ。

斎藤環は『世界が土曜の夜の夢なら　ヤンキーと精神分析』の中で荒井悠介『ギャルとギャル男の文化人類学』を引いている。つまり日本人の不良気質に関連する「イベサー」「ギャルサー」文化での美学の中心にある価値観の一つ「オラオラ」について、斎藤は次のように解説している。

〈「オラオラ」は道徳的な逸脱を指す言葉である。「社会的な経歴に傷を付けない程度の反道徳的行為や態度、逮捕などの危険性が少ないグレーな仕事や知識」、すなわち暴力団関係者との人脈や威圧的な態度や言動などがこれにつながるのだという〉

オラオラを受容する感性はおそらく誰かが恐喝したカネも、振り込め詐欺で取り込んだカネも、援助交際でもらったカネも、暴力団から渡されたカネも、カネはカネだと受け止めるはずである。逮捕されるなどの危険が自分に及ばないかぎり、カネの出所も素性も問わない。そんなことはどうでもいいという感性——。

カネに対する潔癖症のなさが、老若男女を問わず広く蔓延している。そしてそういう金銭感覚が半グレのよき培養土になると見られる。

社会に受容された悪の価値観

カネに対する見方が暴力団、半グレ、一般人の間でそれほど差がなくなった。たとえば正社員ならば、正社員という立場を失うことを恐れて、いきなり半グレには飛べないかもしれない。しかし失業中やバイト、パートタイマー、臨時工、季節工など非正規の雇用者や生徒・学生ならば、半グレと自分とのギャップはさほどないと感じるはずだ。

真鍋昌平の漫画『闇金ウシジマくん』はテレビドラマ化され、映画にもなるほどヒットしたが、これもウシジマくんの金銭感覚が社会に受容されたことを語っていよう。

振り込め詐欺は被害に遭わないですむよう今でもテレビの報道番組等が詳しく犯罪の手口を紹介し、被害に遭いやすい高齢者などの注意を喚起している。こうしたテレビや新聞報道から手口を学び、これなら自分でもできると模倣犯を増やした一面がある。現に逮捕された実行犯の中に、そう供述した者さえいる。

半グレが犯すことの多い各種の詐欺は経済犯であり、暴行や傷害、殺人など暴力的な犯罪に比べ、不良的気質の持ち主には敷居が低い犯罪といえるかもしれない。一般人グループが半グレと金銭感覚を同じくすることで、振り込め詐欺犯などを派生させている。

没倫理化とか、倫理喪失状態とか、そういわれる情況がまさに今、進行中なのだ。おそらく雇用環境の悪化（正社員の減少、給与の減少、就業率の減少、長時間・非正規労働の増大、サービス残業の増大など）が暗い影を投げているにちがいない。若年層の生活保護受給者、ネットカフェ難民の増大も珍しくない。常の産なきときは常の心なしという。高齢者から要らないカネぐらい取ってもいいだろうと考えがちになる。

就職難民がヤミ金屋に

こうして半グレ的な途に入るには暴走族経験者ばかりではないと分かる。多方面からのルートが半グレに通じているのだ。

たとえばAは大学を出た。大学の就職課に出入りしても試験を受けられる就職先がなかった。仕方なく求人誌に金融会社とあったので電話のうえ訪ねた。そこはどうやらヤミ金だった。が、平均並みの給料をくれるところからしばらく勤めることにした。会社の先輩に教えられる通り、借り手に催促の電話をかけた。相手が経済的に相当困っていても、高利を承知で借りたのだから、そう同情する気持ちにはなれなかった。

借り手希望者と面接し、貸し付け業務も行った。そのうち店長の名乗りを許された。給料もかつての同級生に比べて格段によくなった。世の中、こんなものだろうと思った。多少ヤバイくらいでないとカネは手に入らない。やがてヤミ金がメディアに叩かれ、国会で問題にされ、貸したカネさえ返さなくていい状態になった。ヤミ金会社がつぶれた。

Aが何をしようかと家でぶらぶらしていると、先輩から新しい事業を考えている、出て来いと電話があった。出掛けると、仲間何人かと組んで振り込め詐欺をやるらしい。詐欺のようで怖かったが、どうせ年寄りの遊んでいる金を取るだけと考えて、加わることにした。これだけ世間で騒がれているのに騙される方が悪い。騙された人間がバカなんだし、カネに余裕があるんだから、カネを取られて当然だと考えることにした——。

ゲーム好きの青年は詐欺商法に

Bも大学を出た。卒業と同時にロジスティクス会社に入った。入ってみると、倉庫と運搬で、ちっとも面白くない。一生倉庫番かよと思うとウンザリした。それで次の就職のアテがないまま、三ヵ月で会社を辞めた。

新聞の求人広告にゲーム関係のマニュアルづくりという求人広告が出ていた。自分でもゲームをやるし、パチスロもやる。面白そうだなと思って話を聞きに行くと、即採用になった。会社にはパチンコとパチスロの代表的な機種が数台ずつ置かれていた。

社員は自由に遊んでよい。先輩がA４判の紙一枚に印刷されたマニュアルを見せ、この通りパチンコ玉を弾いてみろと言った。その通りに打つと大当たりが出た。パチンコにはやはり攻略法があるのかと思ったが、後でその台が裏ＲＯＭを仕込んだ特別の台だと教えられた。ふつうの店には置いていない。

会社は「大当たり直撃打法」とか「無料で情報提供」といった広告をスポーツ紙や雑誌に出していた。広告を見たファンから「ほんとに当たるのか。いくらなんだ」と電話がかかってきた。セールストークでこれに答え、デタラメな情報や攻略法を売りつける、というのが仕事だった。

またＢはファンを登録させ、登録の意志を確認した後、インチキ攻略情報を提供する商法も手掛けた。

申し込みがあればインチキ情報を送る。大多数の者が送られた情報を試して、こんなインチキにカネを払えるかと登録しない。と、追い打ちをかける。「今回参加いただいた無償試し打ち期間が終了しました。規約文書○項に記載されている正規登録料金が未納のままだと、規約違反者になり、△項による情報料金の免除ができません。期日までに五〇万円を振り込むよう求めます。振り込みがなければペナルティを科し、一〇〇万円を振り込むことになります」と付け加え、「ただし正規登録料一五万円を納めれば情報料金は無料になります」と断り書きを加える。これで申込者は五〇万円を振り込まずに済ますため、登録料一五万円を振り込む。

こうした「攻略法」商法は詐欺と断言してよい。その詐欺を成立させるために文書や電話による脅し、スカシの話術が必要となる。

攻略法の申込者はいったんカネを出したが最後、別の業者の餌食になる。ちょうどヤミ金が多重債務者の名簿を共有して、寄ってたかって一人の特定者を食い物にするのと同じように、複数の攻略業者（同じ業者が別の企業名で商売する場合も多い）が一人の申込者に次々勧誘をかけ、食い物にしていく――。

社員になった者は次第に慣らされ、いつしか詐欺会社の兵隊になっている。つまりその者が中卒だろうと大卒だろうと、学歴は関係ない。人を丸め込む手前、多少、周辺情報は知っておかねばならないが、要は、ああ言えばこう言う式のしゃべくり能力と機転が必要なだけである。

高齢者への新手のヤミ金

警視庁は一三年五月、「振り込め詐欺」に変わる新名称として「母さん助けて詐欺」を選んだと発表した。

新名称に対しては古い、共感できない、といった批判が多いようだが、警視庁が新名称を募集したのも、それだけ振り込め詐欺など特殊詐欺の被害額が大きかったからだ（一二年の被害額は約三六〇億円）。

今後、高齢者は増える一方で、高齢者をターゲットにする経済犯罪も増加の一途をたどっている。不意に自宅に押し掛け、貴金属などを強引に安く買い取る「訪問購入」も登場した。

近年になって年金を前提にした「偽装質屋」も目につく。これは質屋から出た変種ではなく、ヤミ金出身の半グレによる新手口と見られる。

質屋は質草の鑑定や保管に手間がかかる上、三ヵ月までの短期・少額金融であることから出資法の特例とされる。貸金業の金利上限は年二〇％だが、質屋にだけは年一〇九・五％の金利が許されている。

ヤミ金はこれに目をつけ、質草の価値を問わずに高齢者にカネを貸し付ける。質草がなければ、「一〇〇円ショップで、何でも買ってきて」と指示するほどだ。もちろん高齢者が年金を受給していることが前提だが、利用者には「預金口座振替依頼書・自動払込利用申込書」に署名、捺印させる。

これにより偽装質屋は二ヵ月に一回の年金支給日に、借り手の年金受給口座から元本と利息の一括払いで自動引き落としをする。支給日前の途中返済は認めず、年利に換算すれば二〇〇%以上の金利を毟り取るわけだ。

社会人くずれが増加

振り込め詐欺もそうだが、偽装質屋の人材供給源は暴力団というより、むしろ半カタギが多い。つまり「不良化」する時期が中学、高校時代なら暴力団や暴走族になっただろうが、大学生や社会人になってからの「不良化」では、ある程度情報の咀嚼力を備えた半カタギが多い。社会人くずれである。

統計上、振り込め詐欺はオレオレ詐欺、架空請求詐欺、融資保証金詐欺、還付金等詐欺の四種に分かれる。振り込め詐欺以外の詐欺は、金融商品等取引詐欺、ギャンブル必勝法情報詐欺、異性との交際斡旋詐欺の三種に分かれるが、こうした名称を見ただけでも、ある程度業界情報に通じた人間が手がける犯罪だと分かろう。

つまり若者のオモテ社会からの脱落と非行化、高齢者の孤立化がパラレルに進んでいる。この場合、高齢者がそれより若い世代に食われるのが決まり事である。

考えてみれば、証券会社の営業も、金融商品等取引詐欺も顧客（犠牲者）に話すトークは同じようなものだ。単に「絶対儲かります」と、将来について安請け合いをしているかどうかの差でしかない。その差で一方はオモテ社会の営業マン、他方は詐欺犯にふるい分けられる。だから逆にいえば、証券会社や銀行に勤めた者がそこをドロップアウトして詐欺犯、半グレになるのも非常に簡単である。

暴力団も保護色に

今や万人が万人に対して狼になれる時代なのだ。多くの場合、流血を伴わない詐欺や詐欺的方法をもって他人のカネを詐取する。

かつて暴力団は暴力団風の髪型や服装をして、誰が見ても暴力団と分かったものである。彼らの間にもそのときどき流行はあった。パンチパーマ、きつい剃り込み、坊主頭、黒の上下、白のエナメル靴、大きなダイヤのタイピンなど、彼らの服装は「俺はヤクザです」とアピールしていた。

ハチの体表の黒と黄色の段だら模様を警戒色という。「俺に近寄るな。近寄ると危険」とシグナルを発しながら、ハチは飛んでいる。暴力団の服装も同じで、一種の警戒色だったはずだ。

だが、最近、暴力団の服装は一般の組織人とそれほど差がなくなった。黒の上下、黒靴、白ワイシャツ、カフスボタンに尽きる。乗る車もさほど一般人と好みを異にしていない。徐々にだが、暴力団は警戒色から周りに溶け込む保護色に代わりつつある。

暴力団らしい犯罪の代表は暴力的な威迫力を背景にする恐喝だろう。だが、「平成二三年版警察白書」によれば、暴力団組員の検挙件数は約五万四〇〇〇件。うち増えている犯罪は窃盗、詐欺、覚せい剤で、減っているのは恐喝と賭博という（恐喝が一五五九人、賭博が四〇五人で、前年に比べそれぞれ一二五人、二四七人減少している）。

暴力団的犯罪の典型というべき恐喝、賭博による検挙人員の減少は暴力団の変質を語っている。暴力団もまた半グレ風の色に染まりつつあるのかもしれない。

暴力団の警戒色から保護色への切り替えは彼らだけが持っていた特権の返上を意味してい

る。街にあって誰もが道を譲る者、街にあって誰もが目を合わせず、先方から目をそらす者。長い間、暴力団が享受してきた「特権」を暴力団自身が重荷に感じ始めている。

溶け込んで埋没する犯罪

戦後社会が長らく許容してきた暴力団という暴力を振るうかもしれない人、またトラブルになれば背後に控える多数暴力要員を動員するかもしれない人は半公認の存在だったが、その姿が徐々に消え始めている。暴力団の数の減少に一般人もなれ始めている。

半グレの中でも関東連合などは例外的に目立ちすぎた。本道は「目立たない」を第一に考える保護色派のはずである。素人と区別がつかない玄人像が彼らの理想にちがいない。犯罪をなりわいとする者にとって目立つことは致命的な危険を意味する。

有り体にいえば、半グレ集団とは職業的な犯罪者グループである。職業とする以上、その犯罪を細く長く続け、間違っても刑務所とシャバの間の行ったり来たりであってはならない。彼らの職業生活を続ける秘訣は「人の目につかないこと」に尽きる。よって逮捕される危険が高い殺人や傷害致死、暴行などは手掛けたくない。人に隠れて行う窃盗や詐欺が彼らのシノギの中心になる。

彼らのシノギは秘密裏に行われるから、当然、同業者同士の親睦などは図りたくない。よって暴力団が行っているように全国の組織が友誼関係を結ぶなどはあり得ない。昔の仕事仲間との交際はあるだろうが、基本はグループごとにタコ壺に入り、秘密をタコ壺の外に漏洩《ろうえい》しない。

すなわち、かつての暴力団のように犯罪世界全体を仕切る者は誰もいなくなるのだ。警察は暴力団から犯罪情報を取ろうとするのを諦め、犯罪情報の収集は防犯カメラや幹線道路沿いのNシステム（車のナンバー自動読み取り装置）、通信傍受、電話盗聴、GPS（位置情報の追跡システム）、DNA鑑定などに移行しつつある。

犯罪からも犯罪捜査からも人の顔が見えなくなる。ある面、散文的でつまらない時代が到来するといえよう。暴力団は少数の任侠集団が地方に存在を許される程度で、広域組織は遅かれ早かれ消失するにちがいない。

あとがき

若者離れが加速

わずか一〇年前ぐらいなら、暴力団は日本の社会に絶対必要な存在だ、暴力団は必要悪だ、といった意見に賛成する人が反対する人より多かったにちがいない。とりあえず暴力団が流す害悪は脇に置いて、暴力団は日本社会に深く組み込まれた存在、簡単にはなくならない存在と信じている人が多かったはずだ。

ところが今はどうか。暴力団は気の毒なほど警察にやられっぱなしだ。警察、検察、裁判所に人権さえ無視され、押し殺されている。組員はお金を持っていないようだし、青菜に塩。若手の志願者も激減しているし、このままでは早晩なくなるんじゃないか……と考える一般人が多くなってきた。

当の暴力団組員さえ、暴力団に先はない、将来性ゼロ、お先真っ暗、と絶望的な気分でいる者が多い。もちろん今もって大船に乗った気分の組員や幹部もいる。彼らはいい子分に恵まれてよほど楽をしている資産家ヤクザか、単に自分や仲間の状況を客観的に測れない能天気か、どちらかだろう。

現に暴力団は溶け出している。三年前から組員数は横這いから減少に転じ始めた。半グレ集団というシノギ面や人材面での競合グループが新たに登場した。暴力団に入りたいという若い入組希望者はゼロに近い。人材源となっていた暴走族そのものが数を減らし、たとえ入組希望者がいたとしても、彼らは暴力団より半グレ集団を選びがちだ。

今、暴力団に残っている者は年寄りか怠け者といわれる。新しいシノギを創出する努力や才覚、気力がない人間ばかりだろう。おカネに詰まり、いい車やいい女、いい服とも縁がなくなった。貧乏たらしい親分や兄貴分に魅力を感じるとしたなら、感じる若者はよほどのマゾか時代錯誤者となろう。

どのような分野でも同じことだが、若い人に魅力を感じさせず、引き寄せられないような組織に未来はない。

都市伝説の終焉

国民の目線から見れば、暴力団はもう用済みの存在といっていい。彼らは新シノギどころか、新・都市伝説もつくってくれない退屈な存在に成り下がっている。「抗争するな、喧嘩するな、お前らがトラブルを起こせば、使用者責任でうちの親分ばかりか、親分の親分にさえ迷惑を掛けてしまう」という体制では、武勇伝も不良伝説も生まれる道理がない。

映画でも同じだが、アクション場面に言い知れぬ快感を覚える男女がいるし、そういう男女がヤクザ、暴力団の精神的な支持基盤だったのだ。暴力団にとってはカネにならないお客さんだったが、お客さんあってこそのヤクザ渡世ではなかったのか。

組員はバカバカしいと知りながら、抗争に命を賭けた。だから、彼らは世間の熱い視線を浴び、一目も二目も置かれた。管理社会下に生きる堅気たちの都市伝説になり得たのだ。彼らの生き様は美化され、ドラマや映画になった。一般人が歩めなかったもう一つの道を歩んだ者たち。堅気が彼らに仮託する何かを持っていたことはまちがいない。

暗殺集団と化す

もっとも抗争が激減した理由は使用者責任による訴訟が怖いという首脳部側の事情だけによるのではない。もう一つの理由は抗争がらみの量刑が重くなったことである。組員が敵対する組員一人を殺すと懲役二〇〜三〇年か無期懲役、二人殺すと死刑さえ覚悟しなければならない。ヤクザ者の犯罪は犯罪常習者であるヤクザ者がやったという理由で非常に高くつく。

戦前、法曹関係者は逆の考え方をした。どうせヤクザ者がヤクザ者を殺したのだ。余計者が一人世の中から減って結構なことではないかと考え、懲役五〜六年が相場だった。

現在ではヤクザが抗争で相手側を殺せば、自分も長期間服役してシャバの生活を捨てざるを得ない。社会的に自分を抹殺するに等しい。相手の殺しは同時に自分の殺し（自死）にも通じる。

それが嫌なら完全犯罪に徹し、人を殺したことを死ぬまで自分の胸だけにしまい込むしかない。たとえ自分の親分や兄弟分に対しても、「あの殺しは自分の犯行」と打ち明けるわけにいかない。所属している組織がいつまでもつのか、親分や兄弟分が死ぬまで現役を続けられるのか、分からない状態で打ち明けてしまえば、いつかどさくさに紛れ、誰かが警察にチクるかもしれないからだ。

しかし、こうした殺しは抗争の殺しといえるのか。やはり抗争はA組の組員が対立するB組の幹部を殺《や》ったと判明して、初めて完結する。実行犯の組員が犯行に使った拳銃を持って警察に出頭することで、つまり誰が殺ったか事件に「首」がつくことで、事件は善悪を超えて物語に組み入れられる。

すでに抗争に際し、刺客となる組員の完全犯罪（出頭せず、逮捕されず、警察に立件されない）を認める組織も出現している。暴力団というより暗殺集団というべきであり、決してそうした組は世論の支持を得られないだろう。

暴力団への挽歌

現在の裁判所が暴力団の組員であるがゆえに重罰を科すのは、組員を「たかが余計者」と考えていないことの証明ではない。むしろ逆である。暴力団が今ほどひどく人権を否定された時代はない。

暴力団は正業を営めず、公共住宅に住めず、公共工事から排除される。生活保護を受けられず、銀行で口座を開けない。自動引き落としを利用できず、ゴルフ場や入浴施設、飲食店から入場を拒まれる。宅配便を利用できず、鮨の出前も頼めない。ホテルや葬祭場を利用できず、名刺や各種通知の印刷も業者に頼めない（よって韓国の印刷業者に発注している組もある）。組をやめてもまともに就職できない。

法の下の平等は対象が暴力団であるかぎり完全に無視されている。日本国民で日本に居住していても、日本国憲法の対象外なのだ。暴力団は司法や行政ばかりか、国会やマスメディアからも差別されている。

暴力団は人権無視で殴られ蹴られ続けても、「わしらは裏をぐってごっつう儲けてるさかい、何されても痛くもかゆくもないわい」と思っていたのかどうか。時の権力にやられっぱなしで、まるで対抗策を執らず、ついにここまで来た。何の成算もなくどん詰まりまで来た以上は消滅するしかない。応援団や味方する勢力が皆無なのだから、逆転劇はあり得ない。警察でさえ、これまでの暴力団対策は大きく間違っていたとして、引き返すことはできないのだ。

本書は暴力団への挽歌である。暴力団の沈没に伴い、裏社会はいっときざわつくだろうが、ほどなく波もおさまり、水面下で半グレ集団や各種犯罪グループがそれぞれ得意の犯罪行為でシコシコ収益をあさる姿が常態になっていくはずだ。

先進諸国と同じである。日本はようやく特殊日本型犯罪組織だったヤクザ、暴力団を退場させることに成功し、諸外国と同様、退屈で散文的な犯罪情況を迎える。

本書は基本的に書き下ろしだが、一部既発表の文章を含んでいる。「山口組が抱える前門の虎、後門の狼」、「『特定危険指定暴力団』工藤會に翻弄される福岡県警と警察庁」（いずれも「別冊宝島」２０６３号「実録！　激変する日本の闇社会」、一三年八月刊）、それに「半グレ・関東連合は闇に潜る！」（「FLASH」一三年九月一七日号）の三本である。本書に収録するに当たってはいくぶんか手を加えている。

本書の刊行は講談社生活文化第三出版部・木原進治副部長のご尽力に負う。末尾ながら記して感謝したい。

溝口　敦

二〇一三年九月

溝口 敦

ノンフィクション作家。ジャーナリスト。1942年、東京都に生まれる。早稲田大学政治経済学部卒業。出版社勤務などを経て、フリーに。
著書には『暴力団』『続・暴力団』(以上、新潮新書)、『歌舞伎町・ヤバさの真相』(文春新書)、『パチンコ「30兆円の闇」』(小学館文庫)、『武富士　サラ金の帝王』『食肉の帝王』、さらに『ヤクザ崩壊　侵食される六代目山口組』『血と抗争　山口組三代目』『山口組四代目荒らぶる獅子』『ドキュメント　五代目山口組』『武闘派　三代目山口組若頭』『撃滅　山口組vs一和会』『四代目山口組　最期の戦い』(以上、講談社+α文庫)などの一連の山口組ドキュメントがある。常にきわどい問題を扱い続けるハード・ノンフィクションの巨匠。『食肉の帝王』で、第25回講談社ノンフィクション賞を受賞した。

講談社+α《プラスアルファ》新書　633-1 C

溶《と》けていく暴力団《ぼうりょくだん》

溝口《みぞぐち》 敦《あつし》

2013年10月21日第1刷発行
2013年10月22日第2刷発行

発行者──── 鈴木 哲
発行所──── 株式会社 講談社
東京都文京区音羽2-12-21 〒112-8001
電話 出版部(03)5395-3532
販売部(03)5395-5817
業務部(03)5395-3615

デザイン──── 鈴木成一デザイン室
カバー印刷──── 共同印刷株式会社
印刷──── 慶昌堂印刷株式会社
製本──── 牧製本印刷株式会社

ISBN978-4-06-272819-5

講談社+α新書

書名	著者	内容	価格	番号
自分のことをしゃべりすぎる若者たち	杉浦由美子	就活、婚活、FB、ツイッターなど「しゃべり」を強いられる現代社会の病「自己PR強迫症」とは?	838円	589-1 B
20歳若く見える頭髪アンチ・エイジング	板羽忠徳	新しい髪の毛は"抜けなければ"生えてこない! 正しいケアの仕方を知れば貴方もフサフサに!!	838円	590-1 B
幸運と不運には法則がある	宮永博史	29人の実例が証明!! 運命は必ず自分で変えられる! 「運」のすべてを科学的に解明する!	933円	591-1 C
カウンターの中から見えた「出世酒」の法則 仕事が出来る男は、なぜマティーニでなくダイキリを頼むか	古澤孝之	出世する人間は酒の飲み方が違う! 酒席のマナーから、状況別カクテルの頼み方まで指南	838円	592-1 C
職場で"モテる"社会学 なぜ今、女性は「仕事を楽しむ男」に惹かれるのか	三浦展 菊入みゆき	「出世志向の男」がモテる時代は終わった。内発的モチベーション発掘で仕事力と恋愛力を↗	838円	593-1 C
40歳からの"名刺をすてられる"生き方 疲れた職場で生き残る8つの法則	田中靖浩	リストラ、賃下げが当然の今、資格取得や貯蓄は無意味!? 時代に合った"損しない働き方"学	838円	594-1 C
貯金ゼロでも幸せに生きる方法 不景気時代のポジティブ貧乏のススメ	田中靖浩	お金に囚われず自由に生きる! 公認会計士が保証する、お金より安心な本物の資産のみつけ方	838円	594-2 C
365日「蒸し野菜生活」健康法 誰でも驚くほど野菜が食べられる!	関宏美	毎日野菜をおいしく1キロ食べるプロがその秘密の方法を紹介。食生活の常識が激変する一冊	838円	595-1 B
偏差値35から公認会計士に受かる記憶術	碓井孝介	元・落ちこぼれが編み出した、「平均の人」でも実践できる、人生を豊かにするカンタン記憶術	838円	596-1 C
神さまが嫌う最悪参拝 仏さまが喜ぶ最良参拝	大野出	おみくじの「凶」は、実は、幸運の札だった! 神職や僧侶に聞いた、ご利益満点の参拝マナー	838円	597-1 A
もう「東大話法」にはだまされない 「立場主義」エリートの欺瞞を見抜く	安冨歩	もっともらしく、わざと難しく話して物事の本質を隠蔽する日本のリーダーたちの高等テク	838円	599-1 C

表示価格はすべて本体価格(税別)です。本体価格は変更することがあります

講談社+α新書

溶けていく暴力団　溝口　敦

反社会的勢力と対峙し続けた半世紀の戦いの集大成！　新しい「暴力」をどう見極めるべきか!?

840円　633-1　C

日本は世界1位の政府資産大国　髙橋洋一

米国の4倍もある政府資産⇩国債はバカ売れ!! すぐ売れる金融資産だけで300兆円もある！

840円　634-1　C